中国共产党延安时期史话

丛书主编　陈答才

延安时期
马克思主义中国化史话

第三册

张　帆　主编

陕西新華出版　陕西人民出版社

图书在版编目（CIP）数据

延安时期马克思主义中国化史话 / 张帆主编 . 西安 ： 陕西人民出版社， 2024. --（中国共产党延安时期史话）. -- ISBN 978-7-224-15576-1

Ⅰ . D61

中国国家版本馆 CIP 数据核字第 2024WE1112 号

出 品 人：赵小峰
总 策 划：关　宁
出版统筹：韩　琳
策划编辑：王　倩
　　　　　　晏　藜
责任编辑：凌伊君
装帧设计：白明娟

延安时期马克思主义中国化史话
YAN'AN SHIQI MAKESI ZHUYI ZHONGGUOHUA SHIHUA

主　　编　张　帆
出版发行　陕西人民出版社
　　　　　（西安市北大街 147 号　邮编：710003）
印　　刷　中煤地西安地图制印有限公司
开　　本　850 mm × 1168 mm　1/32
印　　张　4
字　　数　106 千字
版　　次　2024 年 12 月第 1 版
印　　次　2024 年 12 月第 1 次印刷
书　　号　ISBN 978-7-224-15576-1
定　　价　39.80 元

序言

任晓伟

现在，呈现在读者朋友们眼前的是由党史专家陈答才教授主编的一套关于延安时期中国共产党历史和理论的通俗性丛书。我参加了关于这套丛书内容的一些设计和讨论，因此非常希望在这套丛书付梓之际，和读者朋友们交流一下这套书的缘起和编写初衷。

延安时期是中国共产党百余年筚路蓝缕奋斗史上一个重大的关键阶段和关键时期。越是往前走，回头看这个时期，就越感觉这 13 年历史的厚重。作为中国共产党由小到大、由弱到强、由区域性执政向全国范围内执政的转折期，中国共产党延安时期创造性地正式形成了一个伟大的思想，即马克思列宁主义基本原理与中国革命具体实际相结合的产物——毛泽东思想；越来越自信地走出了一条全新的革命道路，即新民主主义革命道路；在弘扬伟大建党精神过程中，培育出了一个全新的精神形态，即延安精神；描绘出了一个伟大的梦想，即通过新民主主义向社会主义过渡，建设一个光明的中国并努力推动形成一个光明的世界。这四个方面的伟大成就，在客观上决定了延安时期不仅属于历史，也属于现实和未来，在中国共产党领导人民进行的中国革命史上具有恒久的意义。习近平总书记在庆祝中国共产党成立 100 周年大会上的重要讲话中指出："一百年来，中国共产党团结带领中国人民进行的一切奋斗、一切牺牲、一切创造，归结起来就是一个主题：实现中华民族伟大复兴。"放置在民族复兴的百年进程的整体背景中来看，延安时期也是一个熠熠生辉的阶段，是中国共产党领导人民重新确立民族自信和人类情怀，在推动民族复兴中取得重大历史成就并奠定了后来接续奋斗的重要历史基础。

自 1948 年 3 月中共中央离开陕北，至今已经 70 多年的时间了。在此后的发展中，不管是在什么样的发展阶段，处于什么样的发展时期，面对什么样的发展任务，说不完道不尽的延安时期是始终萦绕在中国共产党人头脑中的深刻历史记忆和强大精神感召。对于党史研究工作者来说，延安时期始终是一座学术富矿，对于陕西的党史研究工作者来说更是这样的。基于对延安时期重要意义的认识，长期以来我们利用学科、学术和区位优势，努力不断推动对延安时期党的历史和理论的学理性阐述和理论宣传，与时俱进地推动对延安时期的研究。

我们选择了六个角度——马克思主义理论文献、马克思主义中国化、党的建设、统一战线、重要会议、爱国主义，作为研究对象展开研究。应该说，这六个方面是贯穿于延安时期党的历史中的基本方面，长期以来构成了人们研究的重要对象。今天，在习近平总书记关于党史重要论述指导下，以通俗的方式对这些基本方面进行系统整理和学术呈现，对于整体上推动延安时期的研究也是一次有益的尝试。

这套丛书除了它的学术价值外，还有教学价值和宣传价值。这些年来，我们不断地推动将延安时期中国共产党的历史融入教学，特别是融入高校思想政治课教学的探索。一方面，在“四史”教学和党史教育中，不断加强对延安时期党史教学的重视，另一方面，在推动建设高校思想政治课选修课程中设置“党中央在延安十三年史”等新课程。在这个过程中，我们逐渐萌生了一个想法，就是如何能够编写出一套既有学理性又比较通俗的系列著作，这既是对教学效果的巩固，又奠定了进一步提高教学质量的基础，同时也能探索出一条集教学、学术和宣传一体化的关于延安时期党的历史和理论研究的新道路来。最早提出这一想法的是本丛书的负责人陈答才教授。这两年来，他不断地给我说明这一想法，希望我能够组织学院的力量完成这一看似简单却并不容易的事情，而且他多次主动请缨，愿意负责这套丛书的整体设计和后期修改完善的工作，体现出一个前辈所秉持的学术集体主义和团队精神以及通过学术传承来扶掖后学的深厚情怀。

哲学上说，只有认识了事物，才能真正地理解事物。确实是这样的。在陈答才教授的一再推动下，我也开始认识到这一工作的重要性，尤其是在负责学校党史教学开展过程中越来越感觉到这一工作的重要性。在大家达成共识的基础上，我们开始组织起来开展研究。经过一年多的努力，终于形成了目前的这套丛书。在这个过程中，我们对如何聚焦主题研究开展团队合作也有了新的更深刻的认识，对在新的理论条件下如何阐释延安时期党的光辉历史、理论创新和延安精神，也有了更多更深入的把握。在这个意义上，这套丛书也是对如何讲好“延安故事”的一次新探索，相信这一探索对于后续的相关研究和教学会产生重要的影响。

2024 年 10 月

目录

引言

以史为鉴，汲取智慧和力量

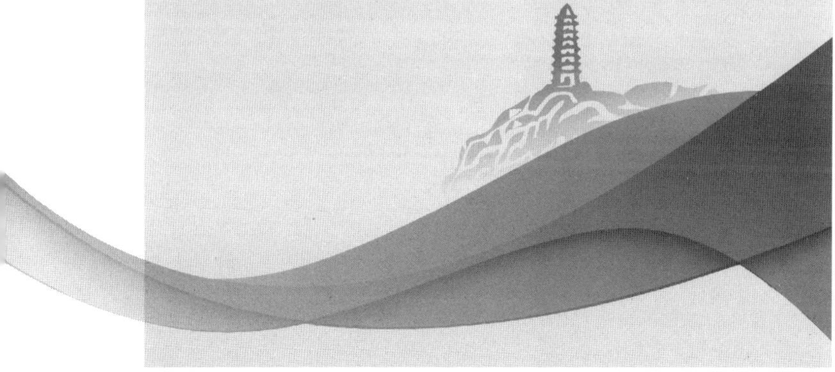

“坚持理论创新”是中国共产党百年奋斗的历程中的重要宝贵经验。十九届六中全会通过的《关于党的百年奋斗重大成就和历史经验的决议》指出：“马克思主义是我们立党立国、兴党强国的根本指导思想。马克思主义不是教条的理论，而是行动指南，必须随着实践发展而发展，必须中国化才能落地生根、本土化才能深入人心。党之所以能够领导人民在一次次求索、一次次挫折、一次次开拓中完成中国其他各种政治力量不可能完成的艰巨任务，根本在于坚持解放思想、实事求是、与时俱进、求真务实，坚持把马克思主义基本原理同中国具体实际相结合、同中华优秀传统文化相结合，坚持实践是检验真理的唯一标准，坚持一切从实际出发，及时回答时代之问、人民之问，不断推进马克思主义中国化时代化。”因此从马克思主义中国化的角度来看，中国共产党的一百年就是党在理论与实践的双重互动中坚持理论、发展理论乃至创造理论的过程。这一过程推动着中国共产党理论自觉的不断提升，进而将这种自觉转化成实践的自觉，再从实践的自觉日益走向历史的自信。因此，理论、实践与历史，本身就是在一条主题的贯穿下而形成中国共产党百年党史的有机整体，即中国共产党人将马克思主义同中国实际、同中华优秀传统文化的深刻结合。所以对马克思主义中国化的理解和把握，既是一个规律性的世界观问题，又是一个科学性的方法论问题。这其中既有需要理论功底的深层积累，同时还要有对中国国情的深刻把握，以及对现实问题的深入思考。

从 1935 年 10 月中共中央率领中央红军长征落脚陕北，到 1948 年 3 月中共中央在吴堡县川口东渡黄河，迎接革命胜利的曙光的近 13 年，是中国共产党大发展和奠定未来走向的延安时期。延安时期是中国共产党人日渐走向辉煌的时期。延安时期也是毛泽东从事革命活动的生涯中内容最丰富、成就最辉煌的一个时期。在整个新民主主义革命阶段，毛泽东的著作以这一历史时期写得最多，对中国革命的指导作用最为显著。在延安的窑洞里，毛泽东笔耕不辍、著书立说，用他如椽的巨笔在中国的大地上纵横捭阖、指挥千军万马。因为这一时期中国共产党的生存环境相对得到了改善，全民抗战的主要任务使国共两党暂时实现了合作，因此也就给毛泽东以更多的时间和更宽广的舞台去思考中国革命的问题、去考虑中国的未来与前途。因此，这个时期也是以毛泽东在哲学上走向成熟、在理论上走向自信，进而使得中国共产党在指导思想上走向主动的时期。

延安时期，毛泽东哲学思想的成熟，是以 1937 年的《实践论》和《矛盾论》为标志，在理论上走向自信是以 1938 年“马克思主义中国化”概念的正式提出为标志，在指导思想上走向主动是以 1945 年党的“七大”将毛泽东思想正式写入党章为标志。至此，中国共产党人正式形成了“什么是马克思主义、怎样对待马克思主义”的科学认识，尤其是《实践论》《矛盾论》的发表，从思想方法和认识路线的高度，对中国革命的实践经验作了深刻的哲学的概括和总结，直接奠定了马克思主义中国化的基础。

此后，毛泽东又把《实践论》《矛盾论》中所阐述的马克思主义认识论和辩证法创造性地运用于军事、政治、经济、文化和党的建设等各个领域、各个方面，从而在思想路线、革命理论、工作方法、军事学说等方面都产生了一批重要的理论成果。由此，毛泽东思想也在中国大地得到了不断展开并最终成为科学的理论体系而写在了党的指导思想的旗帜上。这标志着马克思主义中国化的第一次伟大飞跃，也标志着中国共产党马克思主义中国化的第一个伟大成果的成熟与系统化。

实践是理论之母，实践不停止，理论的创新也不会终结。中国特色社会主义进入新时代，习近平新时代中国特色社会主义思想作为马克思主义中国化的新飞跃，继续书写着马克思主义与中国实际、与中华优秀传统文化的深入结合。今天我们面临的问题可能更加复杂、面对的挑战可能更加多样，这就更需要我们以一往无前的理论勇气、不断推动马克思主义的新发展。以史为鉴，从延安 13 年的宝库中汲取智慧和力量，也是我们编写本书而激发大家进一步对这个问题产生思考的重要出发点所在。

第一章

万丈高楼平地起

——巨笔如椽的《矛盾论》《实践论》

马克思主义是19世纪欧洲资本主义发展的产物。马克思和恩格斯两位划时代的思想巨人，用他们阅尽沧桑的老眼，看透了资本主义社会发展的最底层，深刻阐明了千百年来人们所追求的“桃源仙境”——共产主义社会——在无产阶级及其政党的领导和作用下一定要实现，也一定能够实现的科学结论。这一结论的横空出世，仿佛人类社会漫漫长夜中划破夜空的明星，照亮了前行发展的道路。马克思和恩格斯也仿佛古希腊神话中盗取火种的普罗米修斯，把希望与智慧、真理与道义播撒到了人间。

当西欧大地工人运动已经风起云涌、人们都已经开始反思资本主义发展困境的时候，古老的中国社会却还在封建社会的泥潭里苦苦挣扎。宗法关系的严重束缚、皇权帝制的深刻统治，旧社会在慢慢腐烂中发生着缓慢的变革。不同的社会群体出于不同的利益考量和前途思索，都提出了拯救这个古老民族的方案：地主阶级的洋务运动、农民阶级的太平天国、资产阶级改良派的维新变法、资产阶级革命派的辛亥革命，但最终的结果都没有实现预期的变革。只有当马克思主义传入中国并与中国革命实践相结合而诞生了中国共产党之后，中国革命的面貌才焕然一新。

为什么历史和人民会选择马克思主义？一是马克思主义的暴力革命理论和阶级专政理论最能够直接有效地解决近代中国外抵帝国主义欺侮、内破封建主义枷锁的现实问题。其他的各种思潮与方案和马克思主义的理论相比较，对于解决当时中国的问题来说都可谓是“隔靴搔痒”。二是马克思主义的许多思想内容，与中华民族的历史传统、文化认知、价值观念等都有着高度的契合。例如中国传统文化中所强调的“不患寡而患不均，不患贫而患不安”“民为贵，君为轻”“大同社会”等都与马克思主义所论证的平等正义、群众史观、共产主义社会等相契合。所以，无论是从现实需要还是人民群众的接受心理来说，马克思主义都具有得天独厚的优势。

尽管如此，以马克思主义为指导的中国共产党人依然面临着如何把一个产生于西欧资本主义社会的科学理论与中国实际相结合的问题。这里面既有将马克思主义运用于中国实际的问题，又有如何在实际中丰富和发展马克思主义的问题，同时还有用中国人民喜闻乐见的形式与话语表达出来的问题。实事求是地讲，中国共产党人在这方面也曾犯过错误，走过弯路。教条式对待马克思主义的最惨痛教训，就是中国工农红军被迫放弃整个“苏区”而开始了时间长达一年、行程二万五千里的战略大转移，即二万五千里长征。

一、从红军大学到抗日军政大学

中国历史上曾有三个以“万里”著称的大事件：万里长征、万里长城和万里丝绸之路。这其中“一个半”与信仰有关。“一个”指的是万里长征，“半个”则是指万里丝绸之路。因为能够穿过茫茫戈壁、走过漫漫黄沙的，除了追求利润的商人，就是传播佛法的僧侣。而中国工农红军的二万五千里长征，无疑称得上是一场信仰的远征。试想，如果不是肩负着救国救民的历史使命，如果不是怀揣着解放全人类的崇高理想，如果不是对共产主义的坚定信念，一支衣衫单薄、装备简陋、缺医少药的红军队伍怎么能够翻过雪山，跨过草地，渡过大江大河，脚步遍及 24 个省，行程万里呢？

“红军不怕远征难，万水千山只等闲。五岭逶迤腾细浪，乌蒙磅礴走泥丸。”从 1934 年 10 月中央红军撤离苏区，到 1935 年 10 月中央红军落脚陕北，长征为中国革命留下了微弱但却宝贵的火种。中共中央到达陕北后，最初驻扎在瓦窑堡，即今天的陕西子长市。此时中央红军队伍仅剩下 7000 多人，形势十分严峻。虽然长征途中广大红军指战员受到了客观环境的锻炼，在革命意志、斗争精神以及军纪风貌等方面都得到了锻造，但是由于战斗环境的艰苦，从红军将领到普通战士，在理论方面显得相对较为薄弱，表现为我党我军发展壮大所需的知识、人才、能力等方面都出现了“供需紧张”的情况。此时日本帝国主义已入侵华北，亡国灭种之危险已经迫在眉睫，更需要大批理想信念坚定、政治素质过硬、理论功底扎实、能够解决实际问题的党员干部奔赴抗日前线。而此时的干部队伍建设却发展相对较慢，“干部恐慌”“本领恐慌”“理论恐慌”已经成为我党我军所必须解决的首要问题。出身师范学校的毛泽东十分明白为迎接新的斗争而教育战士和培训干部的重要性。我们党在中央苏区创建红色军校，培养革命队伍，积累宝贵经验，形成优良传统也再次被提出。

“闻鼙鼓而思良将”。1936 年 5 月 20 日，在陕西延长县交口镇太相寺召开的中共中央政治局常委会议上，与会代表们讨论了建立红军大学的问题。时任中央政治局常委的毛泽东在会上强调，我们党要打开“西北局面及全国大局面，则要办个高些的大的红军学校。否则将来无干部。没有大批干部是不行的，现在不解决这个问题，将会犯罪。我们有责任引导同志看得远，办一所红军大学来培养大批干部，以适应形势发展需要。”“要首先看明天，再来看今天。不看今天，是空谈。不看明天，就是政治上的近视眼。”会议决定以之前建立的西北抗日红军大学为基础，组建中国人民抗日红军大学，同时确定了这所学校的学制、教育方针、教育内容、教育方法、人员组成等。关于学校的领导人员，毛泽东在会上提出，办学校最重要的是选择校长和教员，一军团作风雷厉风行，很能打仗，校长就选林彪。学校还需要有教育长，这是负责做具体领导工作的，也十分重要。毛泽东明确点名，我们要选一个像邓演达（曾任黄埔军校教育长）那样精明强悍、雷厉风行的干部当教育长；而罗瑞卿颇像邓演达，所以就建议选他做教育长。会议最终决定由林彪任校长，罗瑞卿任教育长，莫文骅为党总支书记。林彪、罗瑞卿、毛泽东、周恩来、杨尚昆、周昆组成教育委员会，教育委员会主席由毛泽东来担任，而具体的教员队伍更堪称高级别高配置。为了使教学正常进行，许多中央领导同志和机关干部兼任义务教员，不少同志既是教员又是学员，一边兼职教学，一边在校学习。毛泽东、周恩来、张闻天、博古、林育英、凯丰、李维汉、杨尚昆、叶剑英、林彪、罗瑞卿、罗荣桓、张如心、袁国平、董必武等均担任教员。

1936年6月1日，中国人民抗日红军大学在瓦窑堡简陋的旧庙堂前举行了简朴而隆重的开学典礼，学校的地址设立在瓦窑堡南门外的米粱山上。毛泽东、周恩来、张闻天等领导同志出席开学典礼，据当时第一科学员张爱萍回忆，在红军大学的开学典礼上，毛泽东上来的第一句话就问："这是个什么地方啊？"他指指背后的那座山，"这是元始天尊修炼的地方！今天，坐在这里的，就算是元始天尊的弟子啦！你们这些弟子跋山涉水地跑到这里来是做什么呢？是求道！求中国革命之道！不要多久，一个新的局面就要到来了，就要轮到你们下山了。今天我要说的是，你们今天是深山学道，明天要下界去普度众生！"毛泽东诙谐幽默又充满激情的话语感染了在场所有人。在典礼上毛泽东还谈到了开办"红大"的意义："第一次大革命，广东有个黄埔军校，黄埔学生成为革命的主要力量，使北伐成功，但到现在它的革命任务还未完成。我们的红大就是要继承黄埔的革命精神，要在第二次大革命中成为主导的力量，要争取中华民族的独立解放。"这实质上就是指明了这所学校的成立目的是及时培训和补充在长征中损失严重的军政人才，提升红军战士的素质和战斗力，也为即将到来的抗日民族战争储备军事政治力量。1936年6月中旬，国民党军趁红军西征、根据地空虚之际，突袭瓦窑堡，"红大"全体学员在掩护中央机关安全撤离的同时随中央搬迁到陕北保安县（今志丹县）。

"红大"建校之初，办学条件极为困难，甚至连学校驻地都几易其址。"认字就在背包上，写字就在大地上，课堂就在大路上，桌子就在膝盖上"是当时"红大"师生们学习生活的真实写照。没有校舍就自己动手挖，没有粮食就自己种，连学习用的纸和笔都是用树枝、石灰和敌人飞机扔下来的宣传单自制而成的。就是在这样艰苦的条件下，"红大"半年时间完成了一期三科的教学培养任务。

红军大学教学的基本教材主要是马克思、恩格斯、列宁、斯大林和毛泽东的重要著作，以及党中央的重要决议、指示以及政策主张等。抗日红军大学刚建立时，学员们的班级不叫“班”，而叫“科”。一期学制六个月，共设三科：第一科（高级科）一个队，科长陈光，政委罗荣桓，主要是培训军团和师级以上的高级干部，学员共 40 人，平均年龄 27 岁。罗荣桓（开国元帅）、罗瑞卿（开国大将）、谭政（开国大将）、杨成武（开国上将）、刘亚楼（开国上将）、张爱萍（开国上将）、陈士渠（开国上将）、苏振华（开国上将）、彭雪枫（抗日战争中新四军牺牲的最高将领之一）、耿飚（无冕将军，曾任国防部长）、武亭（著名朝鲜将领，“红军炮兵的鼻祖”）、洪水（著名越南将领，中国开国将领中唯一的外籍将军，中越双料少将）等著名将领都是这一科的学员。对一科学员曾有统计，他们平均每人有 8 年的作战经验，平均每个人身上有 3 处在作战中留下的伤疤，还有学员仍然是伤员，直接带伤入学，可见其身经百战之功勋，渴望学习之热情，如果把蒋介石对这些学员的悬赏金额加在一起，总数超过了 200 万银圆之巨。第二科（上级科）两个队，科长周士第，主要训练团、营两级干部，学员 225 人；第三科（普通科）六个队，科长周昆，政委袁国平，主要训练连、排干部和部分老战士，招收 800 人。第一、二科的教学内容，是军事与政治并重。第三科的教学中，特别加强了文化教育，目的是扫除文盲和半文盲，以便使学员们达到初小和高小程度。第一期学员共计 1065 人，从高级指挥员到基层骨干，面面俱到，层层相继，将培养抗日的实用人才放在第一位。

1936 年 12 月 12 日，震惊中外的西安事变爆发。一开始，包括“红大”学员在内的党内很多同志在对如何处理这一突发事件的想法并不一致，对促成事变和平解决，释放蒋介石表达了不理解、不赞同。为了使大家对西安事变和我党和平解决这一事件的方针有明确的认识，毛泽东不仅随时给他周围的干部、战士进行解释，还在 12 月 26 日，即张学良释放蒋介石的第二天，专门到红军大学为学员和中央机关干部作了一次重要报告。

在这场精彩的报告中，毛泽东从当时形势的特殊性出发，阐明如果杀了蒋介石会使国内形势更加复杂混乱，有利于日本帝国主义的道理。毛泽东形象地解释，就算杀了一个蒋介石，还会出现第二个、第三个蒋介石；诸葛亮对孟获还搞七擒七纵，我们对蒋介石为什么不可以一擒一纵呢？毛泽东又做了一个赶毛驴上山的风趣比喻：陕北毛驴很多，赶毛驴上山有三个办法：一拉，二推，三打。蒋介石是不愿意抗战的，我们就采取对付毛驴一样的办法，拉他，推他，再不走就打他。西安事变就是我们党逼蒋抗日的方针。当前，日本帝国主义和中华民族的矛盾是主要矛盾。我们党领导全国人民抗战是主要矛盾的主要方面，起决定作用的是我们，国共合作是大势所趋。但是驴子会踢人的，我们又要提防着它，这就要又联合又斗争。毛泽东的报告，生动形象、风趣幽默，但是道理深刻，解开了“红大”学员们心结，驱散了他们思想上的迷雾，使“红大”师生进一步认识到建立抗日民族统一战线的重大意义和我党和平解决西安事变方针的正确性。

这篇报告其实已经具有后面称为马克思主义中国化奠基之作的《实践论》《矛盾论》中的基本思想，许多认识论层面的东西已经以通俗的语言和生动化的比喻而得到了表达，马克思列宁主义的唯物辩证法得到了更加深刻而具体的运用。

西安事变后，张学良的东北军让出延安、甘泉、鄜县（今富县）三地，中国共产党和平接管延安。1937年1月10日，中共中央由保安动身开赴延安。13日，毛泽东等中央领导进驻延安。“红大”随中共中央机关搬迁至延安，并改称中国人民抗日军事政治大学（简称“抗大”），林彪仍任校长，罗瑞卿仍任教育长，毛泽东任教育委员会主席。1月21日，毛泽东出席抗大开学典礼，也是第二期学员的开学典礼并发表讲话：“抗大像一块磨刀石，把那些小资产阶级意识——感情冲动、粗暴浮躁、没有耐心等磨个精光，把自己变成一把雪亮的利刃，去打倒日本，去创造新社会。”

“黄河之滨，集合着一群中华民族优秀的子孙。人类解放，救国的责任，全靠我们自己来担承。……像黄河之水，汹涌澎湃，把日寇驱逐于国土之东！向着新社会前进！前进！我们是劳动者的先锋！”这段富有活力、气势豪迈的宣言，当时被革命青年和战士们唱遍了革命根据地。这就是由凯丰作词、吕骥作曲的《抗日军政大学校歌》。时至今日，传承抗大血脉的中国人民解放军国防大学仍然以此为校歌。抗大是个革命熔炉。它的学员来自四面八方，他们都有一个共同的心愿，就是要在抗大这座革命的熔炉里脱胎换骨，百炼成钢，把自己锻炼成坚强的抗日先锋战士。

1937 年 3 月 5 日，抗大同学会成立，毛泽东亲自题词，为抗大确定了“坚定正确的政治方向，艰苦朴素的工作作风，灵活机动的战略战术”的教育方针，同年 4 月，又为抗大题写了“团结、紧张、严肃、活泼”的校训。毛泽东提出的这“三句话、八个字”深深融入抗大的血脉、精神和办学实践中。

教师是学校最重要的资源。毛泽东把抗大教师称为“培养干部的干部”，除了专职教员外，还有很多党中央领导同志也亲自担任学校教员。他们既有扎实理论，又有丰富经验，不少人的报告和讲稿后来经整理成为经典文献。毛泽东也多次亲自授课，除了军事课以外，他还教授政治课和哲学课。据统计，仅从 1938 年到 1939 年这一年多的时间里，毛泽东就到抗大讲课 25 次，平均一个月一次。毛泽东在后来的岁月中屡屡谈起这段教员经历，满是掩饰不住的享受和怀念。

革命事业的起伏成败令毛泽东感慨万千，他意识到确立并坚持正确的思想路线，彻底清算“左”倾教条主义错误对于中国革命和中国共产党的发展至关重要。而只有从哲学高度、从认识论的高度来分析思想路线问题，才能在根本上清楚透彻地说明什么是思想路线，怎样用思想路线来指导实际行动以及如何在复杂的任务中抓住关键和本质等问题。《实践论》和《矛盾论》就是毛泽东 1937 年 4 月至 7 月在抗大讲授哲学时所用《辩证法唯物论（讲授提纲）》的部分章节。《实践论》是讲授提纲的第二章第十一节，7 月份讲授；《矛盾论》则是第三章的第一节，8 月份讲授。这“两

1

2

1_
1937 年 1 月，红军大学在延安重建，毛泽东（坐者左 2）、朱德（坐者左 3）和林彪（坐者左 4）与红军大学部分领导合影

2_
1939 年 5 月，毛泽东在抗大三周年纪念大会上讲话

论”在抗大讲完之后，由八路军总政治部将整个讲课提纲进行了整理，经毛泽东同意，最初以《辩证法唯物论讲授提纲》形式印发。20 世纪 50 年代初，毛泽东把讲授内容中的两节抽出来，经过整理，以《实践论》和《矛盾论》的名称重新发表。

毛泽东讲授的哲学课没有止步于普及概念术语和传授哲学知识，丝毫没有学究气，而是用中国风格和中国气派的内容、材料和话语将马克思列宁主义认识论的深刻道理加以阐明。他十分认真地备课思考，撰写讲稿，以马克思主义的科学真理为指导，结合中国革命的具体实际，融合中华传统文化元素，使用质朴简明的语言，为学员们上了终生难忘的哲学课。毛泽东后来在回忆当年讲课的情景时说：“写《实践论》《矛盾论》，是为了给抗大讲课。他们请我讲课，我也愿意去当教员。去讲课，可以总结革命的经验。讲一次课，整整要花一个星期的时间做准备，而且其中还要有两个通宵不能睡觉。准备了一个星期，讲上两个钟头的课，就‘卖’完了。课不能照书本去讲。那样讲，听的人就要打瞌睡。自己做准备，结合实际讲，总结革命经验，听的人就有劲头了。”

二、毛泽东创作《实践论》《矛盾论》

“马克思、恩格斯、列宁、斯大林之所以能够作出他们的理论，除了他们的天才条件之外，主要的是他们亲自参加了当时的阶级斗争和科学实验的实践，没有这后一个条件，任何天才也是不能成功的。”《实践论》中这段深刻的分析，也同样适用于毛泽东创作“两论”的客观现实基础。任何科学而深刻的理论，绝不是思想家理论家凭空产生的结果，更不是灵光乍现突发奇想的臆造，而是扎根于时代和实践的脉搏肌理提炼出的思想精华，正如毛泽东本人后来所总结的那样：“我写的文章就是反映这几十年斗争的过程，是人民的革命斗争的产物，不是凭自己的脑子空想出来的。”

《实践论》与《矛盾论》一方面是毛泽东在对中国革命成功与曲折进行深刻总结，特别是对党内“左”右倾机会主义进行思想上彻底清算的理论结晶。

中国共产党从成立之日起，就始终努力用马克思主义理论来解决中国革命的具体问题。这其中既有成功的经验，也有失败的教训。1927 年大革命失败以后，以毛泽东为代表的中国共产党人初心不改、矢志不渝，在立足中国国情的基础上开始深入思考如何把马克思主义与中国实际的结合引向深入，从而走出一条中国自己的革命道路。习近平总书记指出：“在一个半殖民地半封建的东方大国进行革命，面对的特殊国情是农民占人口的绝大多数，落后分散的小农经济、小生产及其社会影响根深蒂固，又遭受着西方列强的侵略和压迫，经济文化十分落后，选择一条什么样的道路才能把中国革命引向胜利成为首要问题，也是马克思主义发展史上前所未有过的难题。年轻的中国共产党，一度简单套用马克思列宁主义关于无产阶级革命的一般原理和照搬俄国十月革命城市武装起义的经验，中国革命遭受到严重挫折。”正是在对这一“首要问题”的回答中，毛泽东开辟了一条适合中国国情的革命道路，逐步形成了“农村包围城市、武装夺取政权”的中国特色革命道路新实践、形成了新理论。

1927 年秋收起义以及湘赣边界斗争的进一步发展，工农武装割据的思想逐步产生发展，并逐渐走向成熟。在 1928 年 10 月毛泽东所写的《中国的红色政权为什么能够存在》一文中，工农武装割据的思想被明确提出。1928 年 11 月，毛泽东以井冈山前委书记的名义给党中央写了《井冈山的斗争》的报告，进一步系统阐明了工农武装割据思想。1930 年毛泽东所写《星星之火，可以燎原》的通讯更是在深刻阐明工农武装割据的深刻内涵与未来前景的基础上从思想认识上纠正了党内军内的消极情绪，坚定了革命发展的信心。在文末，毛泽东以革命家磅礴的热情和火热的语言写道：“马克思主义者不是算命先生，未来的发展和变化，只应该也只能说出个大的方向，不应该也不可能机械的规定时日。

但我所说的中国革命高潮快要到来，绝不是如有些人所谓‘有来到之可能’那样完全没有行动意义的、可望而不可即的一种空的东西。它是站在海岸遥望海中已经看得见桅杆尖头了的一艘航船，它是立于高山之巅远看东方已见光芒四射喷薄欲出的一轮朝日，它是躁动于母腹中的快要成熟了的一个胎儿。”①

秋收起义之后井冈山革命根据地的创建，可以看作是马克思主义基本理论与中国革命实际相结合的第一次深入系统结合的结果，可以说是硬生生地在国民党反动统治的夹缝中产生出的一片红色革命热土。此后，毛泽东朱德领导开辟的赣南、闽西根据地连成一大片，发展为包括 21 个县 250 万人口的广大地区中央革命根据地（中央苏区），并建立了中华苏维埃共和国，首都定在瑞金。同时在毛泽东的领导下，中央苏区的红军采用灵活多变的游击战术，借助有利的地形优势和深厚的群众基础，粉碎了蒋介石国民党三次大规模“围剿”，形成了真正意义上工农武装割据。数十万装备精良的蒋介石大军面对这块红色土地虎视眈眈却又无可奈何、连遭败绩。马克思主义的光芒因此在中国大地上第一次显现得如此耀眼、如此夺目。

但是好景不长，随着王明“左”倾教条主义路线在党内开始占据统治地位，一些在苏联留过学、自诩喝过“洋墨水”的“理论家”们开始用晦涩的词句、僵死的教条、书本的知识以及神圣而不可侵犯的苏联经验来指导中国革命。他们食古不化、食洋不化、生搬硬套，把马克思主义革命辩证法最精髓的东西“具体问题具体分析”演化为僵死的教条和不可撼动的真理，无差别无异议地把共产国际的指示当作金科玉律来加以执行，甚至让一个丝毫不懂中国国情的外国人李德（当时是共产国际派驻中国的军事顾问）来行使最高军事指挥权。其结果可想而知。毛泽东在多年实践的基础上所总结出的游击战术被脱离实际的阵地战所取代，农村包围城市的革命道路探索被不顾红军现状的夺取大城市和中心城市的决策所中断，第五次反“围剿”的失利最终导致整个苏

①《毛泽东选集》（第 1 卷），人民出版社 1991 年版，第 106 页。

区全部丢失，中央机关和中央红军被迫进行战略转移，即我们在本书开篇所讲到的“长征”。

王明

而当时对于真正坚持了马克思主义、真正了解中国国情并制定了正确的战略策略的毛泽东呢？这些教条主义者则是摆出了一副高高在上、无端指责的态度。他们指责毛泽东的正确主张是“狭隘的经验论”，是“右倾机会主义”，仿佛他们才是马克思恩格斯列宁的真正信徒，才是马克思列宁主义的真正继承者。但是正如马克思当年批判教条主义者所说的，这带给了马克思主义过多的荣誉，但同样也带给了马克思主义过多的侮辱。1932 年 10 月苏区中央局“宁都会议”后，在“左”倾思想占上风的情况下，毛泽东被撤销了红军总政委职务，只保留了中央苏区“国家主席”的虚名被迫养病、视察、蹲点、督导或“随军行动”。因此，从客观现实来说，“左”倾教条主义的错误直接导致了中央苏区的丢失；从主观影响来说，“左”倾教条主义使毛泽东亲手创立的革命根据地一点点缩小，最终丢个精光，从而也就使毛泽东最直观最深刻地从情感和理智两个方面体会到了教条主义的巨大危害。正是基于此，毛泽东在《矛盾论》的开篇就说：“我们现在的哲学研究工作，应当以扫除教条主义思想为主要的目标。”这句话可以说是中国革命血的教训的总结，也可以说是毛泽东对切肤之痛的感悟。

第五次反“围剿”失败后，1934 年 10 月 10 日中央红军正式开始战略转移，开始了长征之路。1935 年 1 月 7 日，红军攻占遵义，得到暂时休整。1 月 15 日至 17 日，中共中央政治局扩大会议在遵义召开。遵义会议是党在生死攸关的转折点上召开的一次会议。会议主要议题是总结第五次反“围剿”的经验教训。毛泽东在长篇发言中，深刻批评了“左”倾军事路线，阐述了战略战术上的正确方针。同时遵义会议改组了中央领导机构，增选毛泽东为中央政治局常委，取消博古、李德的最高军事指挥权，决定由中央军委主要负责人周恩来、朱德指挥军事。会后，政治局常委会进行了新的分工：由张闻天代替博古负总责，毛泽东、周恩来负责军事。在行军途中，又成立了由毛泽东、周恩来和王稼祥组成的三人军事指挥小组。

遵义会议顺利完成了中央组织整顿工作，确立了毛泽东在党内的实际领导地位，也是中国共产党开始独立处理党内事务的第一次尝试。然而，在组织人事、政策路线、战略战术等方面清除教条主义、主观主义的影响还远远不够，更重要的是从思想认识中认清教条主义、主观主义的危害还远远不够。因此，必须要有准确阐释马克思主义基本原理，回到马克思主义革命辩证法核心，并且与生动的中国革命实践相结合起来，且用人民群众喜闻乐见的话语和形式表达出来的理论作品，并以之教育广大干部群众，解答人们的思想困惑与理论误区。从这一点出发，也需要党内理论精深、运筹帷幄且能够将马克思主义和中国实际创造性结合的伟大人物来带领全党实现并完成这一过程。毛泽东无疑就是这一伟大人物。

其实，如果我们把视线拉长就会发现，在马克思主义传入中国的早期，党的领导人、理论家都或多或少对这个问题作出过探索。有的可能只是提出了马克思主义中国化的基本命题，有的可能只是对这个问题有了初步的思考，有的可能也仅仅是从宏观的层面对马克思主义与中国实际的简单结合所作出的论断。可以说，马克思主义中国化的命题是伴随着中国共产党发展始终的，一部中国共产党历史就是一部马克思主义不断与中国实际相结合的历史。

要实现马克思主义的中国化，核心要解决两个问题。一个问题是如何科学准确地把握和理解马克思主义，即到底什么是马克思主义，应当如何对待马克思主义，特别是要搞清楚马克思主义理论中哪些是马克思所阐发的带有普遍性的基本原理，哪些是马克思、恩格斯、列宁根据一时一地的具体情况而作出的具体论述，以及如何把基本原理与中国实际相结合，把具体理论创造性地进行发展等一系列问题。另一个问题则是要弄清楚基本的国情，即明白中国革命的性质、前途、动力，以及我们的敌人和我们的朋友都是谁，等等。

就前一个问题来说，只有回到经典、回到原著、回到马克思、恩格斯、列宁、斯大林到底是怎样说的才有可能真正理解他们的思想。这需要通过大量地阅读文献来实现。毛泽东本身就是一个酷爱读书的人，从风华正茂的青年到饱经沧桑的老年，读书成为贯穿他一生的重要习惯。从青年时代开始，毛泽东就喜欢广泛和细致的阅读，从社会科学到自然科学，从中国古代典籍到西方资产阶级著作，从报纸杂志到各类工具书，可谓无所不包，广收博览，且每每阅读都能有自己独到的见解。自从1920年读到马克思、恩格斯所写的《共产党宣言》开始，他一生的信仰就不会发生改变了。从此，毛泽东就坚持不懈、孜孜不倦地阅读和研究马克思、恩格斯、列宁、斯大林的著作。建党初期，马列著作翻译到中国来的还很少，毛泽东仅仅读过《共产党宣言》《国家与革命》等少部分的经典著作。由于受到国民党重重封锁，土地革命战争期间的红色根据地想获得马列著作十分困难，毛泽东十分需要马克思主义书籍，并从中得到指导。这一点在当时毛泽东致他人的书信中多有体现："惟党员理论常识太低，须赶紧进行教育。除请中央将党内出版物（布报、《红旗》、《列宁主义概论》、《俄国革命运动史》等，我们一点都未得到）寄来外，另请购书一批……我们望得书报如饥似渴，务请勿以事小弃置。""我知识饥荒到十分，请你时常寄书报给我。"除了渴求知识和真理外，与动辄引经据典，口诵马列的教条主义者辩论斗争，也迫使毛泽东发愤阅读马列著作。

1932年4月，红军攻打下福建第二大城市漳州，没收的一批战利品里就有一些马列著作，毛泽东如获至宝。后来在苏区见到了当时《反杜林论》的翻译者吴亮平，毛泽东还激动地称赞他"功盖群儒，其功劳不下于大禹治水"。长征途中，毛泽东即便生病了，躺在担架上，也不间断地阅读马列著作。据当时作为中共中央秘书的张闻天夫人刘英回忆，毛泽东此时阅读的著作有恩格斯的《反杜林论》、列宁的《两个策略》（即《社会民主党在民主革命中的两种策略》）、《“左”派幼稚病》（即《共产主义运动中的“左派”幼稚病》）、《国家与革命》等，尤其是到达延安之后，在彻底肃清党员干部思想认识上的“左”倾教条主义影响与残留的时候，毛泽东自感“我的工具不够”。因此他一到延安，就开始广泛收集马列主义的书籍，集中精力，发愤攻读马列主义著作。凡是在延安能找到的马列哲学著作和有关读物，毛泽东都找来读；延安没有的，他写信请在“外面”（即国统区大城市）从事统战工作的同志买来读。当时访问过延安的美国著名记者斯诺，在《西行漫记》中对毛泽东发愤攻读哲学书籍的情况有生动感人的记载。他写道：“毛泽东是个认真研究哲学的人。我有一阵子每天晚上都去见他，向他采访中国共产党的历史，有一次一个客人带了几本哲学新书来给他，毛泽东就要求我改期再谈。他花了三四个晚上的工夫专心读了这几本书，在这期间，他似乎是什么都不管了。”

读马列原著的同时，他对中国和苏联学者最新的哲学论著、哲学教科书和哲学通俗读物也非常关注。比如李达写的《社会学大纲》，1937 年 5 月出版后，作者李达曾寄给毛泽东一本，毛泽东读后很欣赏，认为这是中国人自己写的第一本马克思主义哲学教科书，并把它推荐给抗日军政大学。还有艾思奇的著作《哲学与生活》，毛泽东评价也很高，他还作了 3000 字的详细摘录，同时写信对艾思奇说：“这是你的著作中更深刻的书，我读了得益很多。”此外毛泽东还广泛阅读介绍、阐释马克思主义理论的一些重要翻译著作和理论阐释类著作、教材等。例如毛泽东在写作《实践论》《矛盾论》的时候，就参看了一些由我国理论工作者翻译介绍的 20 世纪 30 年代苏联哲学教科书，如李达、雷仲坚合译，西洛可夫、爱森堡等合著的《辩证法唯物论教程》；艾思奇、郑易里翻译，米丁著的《新哲学大纲》；沈志远翻译，米丁著的《辩证唯物主义与历史唯物主义》；刘伯英翻译，布哈林著的《历史唯物论》等。正是长期的阅读、细致精深的思考，聚焦马列著作的旨趣，让毛泽东博采众家所长，肩负时代的使命，创作完成了《实践论》和《矛盾论》。

当然，实现马克思主义的中国化还要对中国的现实状况有明确的认知。这一问题实质上在毛泽东的早期作品中都已经得到了深刻的论述。他的《中国社会各阶级的分析》《湖南农民运动考察报告》等经典篇章无一不是对中国国情的客观考察与理性分析，无一不是马克思主义唯物辩证法运用于中国实际所得出的科学结论。那句“没有调查就没有发言权”至今依然是我们必须加以坚持的工作方法原则。延安时期毛泽东创作“两论”更是在经历了中国革命曲折发展和中国工农红军苦难行军之后展开的，因此更能体现中国革命的特点和要求，更能通过正反两方面的经验教训得出直观具体的结论。《实践论》和《矛盾论》就是在这些主客观因素的共同作用下完成写作并授诸全党的。

三、马克思主义中国化的哲学基础

前面已经提及，《实践论》和《矛盾论》是毛泽东在抗大讲授哲学《辩证法唯物论》时的讲稿，后从其中抽出独立成文的两节内容。这两部著作是批判党内教条主义和经验主义、“左”右倾机会主义，特别是“左”倾教条主义错误的哲学总结，同时也是对第一次和第二次国内革命战争经验的哲学总结。《实践论》与《矛盾论》的写作完成，为马克思主义中国化奠定了哲学方法论和认识论的基础，使马克思主义中国化的历史命题发挥了科学理论的基础支撑作用，从人们的思想认识上深刻扭转了对马克思主义的僵化理解，打破了主观主义和教条主义的束缚，突破了思想桎梏与认识的局限。同时“两论”也为后面的整风运动奠定了理论基础，为中国共产党思想路线的最终确立起到了重要的指导作用。

毛泽东的《实践论》首先从物质生产实践的重要性入手，把人类生产活动作为最基本的实践活动，并且认为它决定着其他一切活动形式。也就是说，只有首先创造出满足人们吃、穿、用的物质产品，人们才能生存下去，人的其他一切活动才有可能展开。而在物质生产的过程中，人们会结成一定的社会关系，这种关系在阶级社会中就是阶级关系。所以阶级关系及其导致的阶级之间的斗争都是为了生产而进行的斗争，都是解决“物质生活问题”的斗争。在此基础上，毛泽东对实践的基本形式作出三种概括：物质生产过程、阶级斗争过程、科学实验过程。从实践的形式可以看出，实践就是人（实践主体）把自己的认识、思想等等在客观现实中表现外化出来的过程，是从“知”到“行”的过程。而这个过程又需要有人、有工具、有加以表现的客观对象，因此实践具有客观性、能动性和社会历史性的特点。毛泽东对实践的这种概括是马克思主义哲学关于实践概念的科学、明确、简要而又具有中国特色的生动表达。进而，毛泽东指出了实践是认识的来源，是推动认识发展的动力，也是检验一切认识正确与否的标准，并且把指导实践作为认识的最终目的和一般归宿。由此，毛泽东第一次在马克思主义哲学发展史上集中论述了实践在认识过程中的地位和作用，从而为科学的认识论奠定了基础。

在毛泽东看来，中国革命经受挫折的一个教训就是党脱离了中国革命的实践来认识马克思主义，来制定相关的政策和策略。这就涉及一个如何认识中国革命实践，如何认识马克思主义与中国革命实践的关系问题，亦即通过什么样的认识论和认识规律来指导实践的问题。教条主义和经验主义都不能正确理解认识的过程和发展规律，从而造成了革命事业的损失和失败。因此毛泽东在《实践论》的第二个内容方面，重点阐发了认识过程发展的规律。毛泽东在《实践论》中结合中国革命的经验指出，人的认识过程是在实践的基础上从感性认识上升到理性认识，又从理性认识回归到实践，从而表现出实践——认识——再实践——再认识的循环往复曲折发展的过程。毛泽东特别强调了理论与实践的结合既是理论的要求，也是实践的要求，理论必须指导和服务于实践才能够体现出理论的科学性与价值，而实践又必须有科学理论的指导才能够走向成功。如果把理论与实践割裂开来，理论就成了“空洞的理论”，就成了僵死的教条，而实践也就成了“盲目的实践”。因此，理论与实践的辩证统一，才是人认识世界和改造世界唯一正确的途径。在此基础上，毛泽东以主观认识是否与客观事物和规律相符合作为认识是否具有真理性的标准，亦即对真理的本质进行了界定，进而得出了真理具有客观性的结论。从真理作为对客观事物及其规律的正确反映这一点来看，真理是客观的、绝对的，因此是与错误有着原则区别的。但是任何真理又同时是具体的、历史的，是同历史发展的具体阶段和具体特征相联系的，都是对无限历史和无垠宇宙在某个阶段、某个方面的具体认识。因此真理在广度和深度上又是有限的，因而又是相对的、具体的。所以任何真理都需要进一步扩展和深化。毛泽东在文中将绝对真理形象地比喻成一条“长河”，把相对真理比喻成这条长河中的“水滴”或“河段”。因为客观世界的变化和运动永远存在，人的认识能力的无限潜能在不断被激发，因此人们对每一次相对真理的发现都是对无垠宇宙的接近。可以说，真理的发展过程就是无数相对真理的“水滴”“河段”最终汇聚成绝对真理“长河”的过程。

但是接近绝对真理的过程并不是一帆风顺的，而是需要我们不断地与错误作斗争，并且克服错误的过程。这对于一个人、一个政党的发展进步至关重要。因此毛泽东在《实践论》中指出，“党内不同思想的对立和斗争是经常发生的，这是社会的阶级矛盾和新旧事物的矛盾在党内的反映。党内如果没有矛盾和解决矛盾的思想斗争，党的生命也就停止了。”因此，在面对“左”倾教条主义和右倾机会主义的错误路线时必须进行坚决的斗争，坚持真理、修正错误，对人民高度负责，推动马克思列宁主义的发展。由此，毛泽东进一步提出要把改造主观世界与改造客观世界结合起来，不断提升共产党人的认识能力和认识水平，从而在根本上去除掉“左”右倾机会主义的影响。毛泽东写道：“无产阶级和革命人民改造世界的斗争，包括实现下述的任务：改造客观世界，也改造自己的主观世界——改造自己的认识能力，改造主观世界和客观世界的关系。”

《矛盾论》是继《实践论》之后，为了同一目的，特别是为了克服党内严重的教条主义思想而写的。毛泽东十分明确地指出：“我们现在哲学研究工作，应当以扫除教条主义思想为主要的目标。”《矛盾论》作为毛泽东阐释马克思主义辩证法，特别是阐释马克思主义矛盾学说的重要著作，是以毛泽东为代表的中国共产党人把马克思列宁主义和中国革命具体实践相结合，既发展马克思主义的辩证法学，又形成具有中国特色的关于矛盾的理论的典范。

毛泽东在《矛盾论》中首先发挥了列宁关于形而上学与辩证法是“两种不同的宇宙观”的重要思想。列宁指出：“有两种基本的……发展（进化）观点：认为发展是减少和增加，是重复；以及认为发展是对立面的统一（统一物之分为两个互相排斥的对立面以及它们之间的互相关联）。”毛泽东在这一思想的基础上进一步将形而上学的观点概括为孤立的、片面的，仅有数量增减和场所变化而无质的改变，且改变的动因不来自内部而来自外部的观点；而辩证法则是联系的、发展的、全面的，且事物的质变是来自内部而非来自外部的观点。由此毛泽东科学分析了引起事物发展变化的内因与外因之间的关系问题。毛泽东列举了大量实例来说明单纯外部原因只能引起事物的量变，而事物的质变必须通过事物内部的矛盾性变化才能够发生。毛泽东特别指出了中国革命的成功与失败的根本原因还是在于中国无产阶级内部的问题。因此他得出结论，一个政党要引导革命走向胜利，就必须依靠自己政治路线的正确和组织路线的巩固，才能够得以实现。

明确了这一点，即明确了把握事物的本质必须从事物内部的对立统一关系，即矛盾层面来认识问题。可以说，对立统一规律，或矛盾规律就是辩证法的核心。基于这样一种正确的认识，毛泽东首先阐明了矛盾的普遍性，即矛盾无时不在、无处不在，事事都有矛盾、时时有矛盾。但矛盾同时也具有特殊性，这种特殊性恰恰是一个事物区别于另一事物的本质规定。党内教条主义者的主要错误就是没有客观认识和准确把握中国社会矛盾的特殊性。因此，毛泽东在《矛盾论》中分析了矛盾的普遍性后，着重分析了矛盾的特殊性，并强调广大党员干部必须加以着重研究。毛泽东指出，每一物质运动在其发展的过程中具有不同性质的、各具特殊的不同矛盾，而且在这一运动过程中每一种矛盾都具有特殊性。因此如果从社会发展阶段和事物发展过程来看，在不同的发展阶段上矛盾是不停的。毛泽东举例说，自由资本主义和垄断资本主义就是资本主义发展的两个阶段，在这两个阶段资本主义的矛盾是各不相同的。而且在发展的各个阶段上矛盾的各方面也具有特殊性。毛泽东用第一次国内革命战争、第二次国内革命战争和抗日战争开始阶段举例，重点分析了国民党和共产党矛盾的两个方面，分析了在这个长达10年的中国民主革命发展过程中双方各自的特点和历史变化,以及两党矛盾发展的具体特征与不同表现。最后毛泽东总结：“由此来看，不论研究何种矛盾的特性——各种物质运动形式的矛盾，各个运动形式在各个发展过程中的矛盾，各个发展过程的矛盾的各方面，各个发展过程在其各个发展阶段上的矛盾以及各个发展阶段上的矛盾的各方面，研究所有这些矛盾的特性，都不能带主观随意性，必须对它们进行具体的分析。离开具体的分析，就不能认识任何矛盾的特性。”①

在分析了矛盾普遍性和特殊性之后，毛泽东又进一步分析了两者之间的辩证关系。毛泽东指出，矛盾的普遍性和特殊性的关系，就是矛盾的共性和个性的关系。矛盾的普遍性是矛盾的共性，它是指矛盾无所不在、无时不在，因此具有绝对性；矛盾的特殊性是矛盾的个性，具有相对性。因此毛泽东号召全党必须全面准确、深刻系统地把握矛盾的普遍性与特殊性的关系，从而找到解决矛盾、推动发展的正确方法。

毛泽东认为在矛盾的特殊性问题上，有两个问题必须特别

①《毛泽东选集》（第1卷），人民出版社1991年版，第317页。

地提出来加以专门研究，这就是主要矛盾和矛盾的主要方面的问题。主要矛盾就是在事物发展过程中的许多矛盾中，起决定作用、领导作用，并规定和影响其他矛盾的存在与发展的矛盾；矛盾的主要方面就是在同一个矛盾的两个方面中起主导作用的方面。如果结合主要矛盾的界定来看，主要矛盾的主要方面是对事物的性质起到支配和规定作用的矛盾。同时，主要矛盾和非主要矛盾、矛盾的主要方面和非主要方面又是相互转化的，因此在观察事物、处理问题的时候要抓住“牛鼻子”，即要看清事物的本质、抓住主流。

在阐明了矛盾的普遍性和特殊性、主要矛盾和矛盾的主要方面之后，毛泽东进一步分析了矛盾各个方面的同一性和斗争性。矛盾的同一性（或统一性）指的就是“如下两种情形：第一，事物发展过程中的每一种矛盾的两个方面，各以和它对立着的方面为自己存在的，双方共处于一个统一体中；第二，矛盾着的双方，依据一定的条件，各向着其相反的方面转化。这些就是所谓同一性。”而矛盾的斗争性就是矛盾双方的互相排斥、互相斗争、互相对立。这里毛泽东借用大量具体生动的实例来阐释矛盾的同一性问题，例如他用生与死、上与下、福与祸、顺利与困难、地主与佃农、资产阶级和无产阶级等来说明互为条件的问题；他用无产阶级专政和资产阶级灭亡以及战争与和平来说明相互转化的问题。在阐明了矛盾的同一性问题之后，毛泽东进一步分析了矛盾的同一性和斗争性的关系问题。首先，同一性是相对的、有条件的，斗争性是绝对的、无条件的；同一性只是暂时的，而斗争性则贯穿事物发展过程的始终，由此就表现为事物永恒的变动性。但同时矛盾的同一性和斗争性又是相互连接的，是对立面之间同时共存的两种基本关系。毛泽东用中国古语“相反相成”来说明对立面之间既存在斗争性，又存在同一性。他写道：“‘相反’就是说两个矛盾方面的互相排斥，或互相斗争。‘相成’就是说在一定条件之下两个矛盾方面互相连接起来，获得了同一性。”正是“有条件的相对的同一性和无条件的绝对的斗争性相结合，构成了一切事物的矛盾运动。”“左”右倾机会主义者就是割裂了矛盾同一性与斗争性的辩证关系，孤立地仅仅是从斗争性或同一性的单向度来审视问题，从而导致了或急躁冒进，或投降退缩的错误。

这里还有一点值得特别说明，就是毛泽东在创作“两论”的时候，能够将马克思主义深奥的话语以党政干部、人民群众通俗易懂、喜闻乐见的语言风格与表达方式进行阐述成为马克思主义中国化的生动典范。《实践论》的副标题“论认识和实践的关系——知和行的关系”，体现出浓厚的中国传统哲学色彩，整篇文章则通过讨论认识和实践的关系，来回答中国哲学史上争论千年的知行问题。《矛盾论》则批判继承了中国传统文化中《周易》《老子》《孙子》等著作中的“一阴一阳之谓道”“相反相成”等辩证法思想，批判了“天不变，道亦不变”的形而上学思想。《矛盾论》初稿里，毛泽东在论述矛盾同一性原理时列举了上与下、福与祸、顺利与困难、资产阶级与无产阶级、地主与佃农、生与死等许多对矛盾和“良药苦口利于病，忠言逆耳利于行”“祸兮福所倚，福兮祸所伏”“爱而知其恶，恶而知其美”等成语古谚，来说明极端相反的对立面之间有同一性。

重视对立面之间在一定条件下的转化是毛泽东辩证法思想的特点之一，而这正是中国古代辩证法在现代的继续和发展。毛泽东通过潜心阅读大量的中国古书、古典小说、诗词曲赋等，不仅批判地汲取了丰富的思想营养，也包括吸收了它们的文风优点。所以毛泽东成为一代杰出的诗人和语言大师，写出大量文字优美、词汇丰富、说理透彻、气势磅礴，融古代语言于白话文之中的作品，开创了具有中国的民族形式和民族气派的马克思主义。

毛泽东的《实践论》和《矛盾论》就是把马克思主义的基本原理和近现代中国国情相结合而创作出的理论巨作。“两论”虽然篇幅不长，但意义巨大。正式发表后，在中国和世界上都产生了巨大的影响。

“两论”是毛泽东对自己以往哲学思想、政治思想、军事理论和实践经验的总结，标志着毛泽东哲学思想的形成，是毛泽东哲学思想的集中体现和精华所在。它是马克思主义理论与中国实际相结合的典范，又是中国共产党人对中国革命经验的哲学总结和概括，为中国共产党的思想路线奠定了哲学基础，更是马克思主义中国化的哲学基础，在马克思主义哲学发展史上，在中华民族哲学发展史上都占有重要地位，可谓是两朵绚丽的思想奇葩、两座伟岸的思想高峰、两颗璀璨的明珠。《实践论》的主题是认识与实践的统一，《矛盾论》的主题是矛盾普遍性与特殊性的统一，这“两个统一”为马克思列宁主义基本原理同中国革命具体实践相结合、为实事求是的马克思主义思想路线在全党思想上的确立奠定了坚实的哲学基础，为反对党内主观主义，特别是教条主义提供了锐利的思想武器。“两论”的问世，标志着毛泽东哲学思想的形成，奠定了马克思主义中国化的重要哲学基础，极大地推进了马克思主义中国化的历史进程。

“两论”是对中国革命经验的哲学总结和概括。1921 年中国共产党诞生，1937 年“两论”诞生，这 16 年漫长曲折的革命岁月，中国共产党既有成功的经验，更有失败的教训。一次次摔倒又顽强爬起，一次次在黑暗中摸索着光明。可为什么以马克思列宁主义为指导的革命斗争，把真理写在旗帜上的中国共产党却走得坎坷、艰辛，甚至数次濒临绝境呢？很多人在思考求索，毛泽东更是读书、调研、反思、沉潜、积累。终于，毛泽东以这两篇雄文，对中国革命的经验教训从哲学高度给予总结概括，为全党拨开云雾，使革命转危为安，最终取得了辉煌胜利。

“两论”是马克思主义理论与中国实际相结合的典范。1938 年召开的党的六届六中全会上，毛泽东作《论新阶段》的政治报告。他在其中说道：“使马克思主义在中国具体化，使之在其每一表现中带着必须有的中国的特性，即是说，按照中国的特点去应用它，成为全党亟待了解并亟须解决的问题。”这就在历史上最先提出了马克思主义中国化这个命题。作为这一命题的提出者的毛泽东，同时也是积极的践行者和表率者，最突出的表现莫过于“两论”。在“两论”中，毛泽东把马克思主义理论和中国革命实际相结合，从如何认识世界和改变世界的维度，分析了中国革命的成败得失，推进了马克思主义的发展，写下了马克思主义中国化的新篇章。正是在这样的哲学基础之上，中国实现了马克思主义的中国化，根据中国国情，坚持走农村包围城市、武装夺取政权的道路，从而取得了革命的胜利。

“两论”是马克思主义中国化的哲学基石。任何没有哲学内涵的思想都是不深刻的，毛泽东思想作为马克思主义中国化历程中的第一次飞跃，得以实现的哲学前提就是“两论”。马克思主义是科学真理，是时代精神的精华，但是怎样对待和使用马克思主义，怎样处理马克思主义和中国传统文化的关系，对于中国共产党人而言并不是容易回答的问题，尊孔崇儒的“国粹论”、维护传统兼顾西方的“中体西用论”、照抄照搬马克思主义的“全盘西化论”都被实践证明是错误的。“两论”的诞生为这一切争论作出了回答。

中国共产党人虽然一开始就将马克思主义确立为指导思想，然而究竟如何才能够将马克思主义的普遍真理与中国社会的独特国情相结合，这在相当长的时间内是一个亟待解决的突出难题。从哲学上讲，这一难题的实质就是要解决理论和实践、共性和个性的关系问题。“两论”为这一问题的解决提供了哲学基础。同时，“两论”中虽然没有直接将实事求是概括为党的思想路线，但为这一思想路线的确立提供了哲学基础。

“两论”不仅为解决马克思主义怎样与中国实际相结合的问题提供了哲学依据，而且为探索实现两者结合的现实方式这一历史活动进行了哲学总结。马克思主义与中国实际相结合的最大成果，是开辟了一条新民主主义革命的道路，即以土地革命为基础，农村包围城市、武装夺取政权的革命道路。“两论”虽然不是直接论证这一道路的理论专著，但为确立这一道路的合理性进行了哲学总结。

具体来看，“两论”分析了中国革命中社会历史的特殊性，从而明确了中国革命的性质和方向，以此为马克思主义与中国实际的结合确立了前提和基础，找准了马克思主义和中国实际相结合的切入点，是开辟新民主主义革命道路的关键所在。毛泽东在《矛盾论》中对矛盾普遍性和特殊性关系的原理，特别是对矛盾特殊性的理论和方法进行的系统阐述，正是对新民主主义革命道路确立的深刻总结。

中国革命道路的成功开辟，表明了马克思主义和中国实际相结合的初步实现。“两论”强调，理论只有和实践具体地历史地统一，才能发挥其指导作用；只有在科学理论的指导下，并从中国社会历史状况的特殊性出发，才能找准中国革命的基本问题，才能找到马克思主义和中国实际相结合的实现方式。这是在理论和实践相统一的基础上对中国新民主主义革命道路之合理性的深刻论证。

第二章

新民主主义革命道路

——马克思主义中国化道路的开辟

毛泽东曾经说过，“马克思列宁主义的普遍真理一经和中国革命的具体实践相结合，就使中国革命的面目为之一新，产生了新民主主义的整个历史阶段。”[①] 新民主主义理论，就是对这一历史阶段发展规律的描述。从宏观上来说，这一中国式的独特理论可以分为新民主主义革命理论和新民主主义社会理论。

一、紧紧扭住一个核心：认清近代中国的国情

“国情”是一个人们再熟悉不过的词语，当代中国基本国情是我国处于并将长期处于社会主义初级阶段，初级阶段的国情是过去 40 多年中国特色社会主义建设的总依据，没有对初级阶段国情的准确判断，就不会有围绕初级阶段构建起来的路线、方针和政策，就不会有当代中国的发展，就不会有新时代中国特色社会主义的到来。不过，不同时期的国情是不一样的。鸦片战争以来，由于西方列强入侵、封建统治的腐败，中国逐渐沦为半殖民地半封建社会，这就是近代中国的基本国情。

中国共产党不是从一开始就完整、准确、清晰地认识到中国的国情及其变化的，也不是从一开始就认识到国情的极端重要性的。中国共产党成立之后的一段时期内，对“如何革命、革谁的命”等基本问题没能形成一致的意见，在党内也曾经发生过严重的论争，因此在中国革命的进程中走了一些弯路。

由于敌人十分强大，红军极为弱小，中国共产党和红军内曾有人对红色政权的存在和发展的可能性表示怀疑。在农村区域发展的中国革命面临“红军向何处去？”“革命的道路如何走？”的问题，当时党内有一种观点认为，在革命的高潮尚未到来的情况下，不要忙于建设根据地，应该采取流动游击方式去扩大政治影响，等到全国各地争取群众的工作做好了，再来一个全国武装起义，那时再把红军力量加上去，就形成了全国范围的大革命了。对于这种观点，毛泽东是怎么看的呢？毛泽东在给红四军第一纵

①《毛泽东选集》（第 3 卷），人民出版社 1991 年版，第 1093 页。

队司令员林彪的回信中对这种观点进行了毫不留情的批评，“他们这种全国范围的、包括一切地方的、先争取群众后建立政权的理论，是于中国革命的实情不适合的。他们的这种理论的来源，主要是没有把中国是一个许多帝国主义国家互相争夺的半殖民地这件事认清楚。”[①]在毛泽东看来，党内出现如何革命的道路之争，根本原因就是没有把中国是一个许多帝国主义国家互相争夺的半殖民地这件事认识清楚。同时毛泽东对中国半殖民地半封建社会性质给予了阐述，根据对中国性质的判断，毛泽东提出了“农村包围城市，武装夺取政权”道路的思想。在这个时候，中国共产党人的话语体系中虽然没有使用“国情”这一词语，但在理论认知和革命实践中，中国共产党把握住了中国国情的实质内容。

1939年7月2日，毛泽东为纪念抗战两周年创作了《当前时局的最大危机》一文，以答复自《论持久战》和《论新阶段》出版以来从某些方面发出的责难、挑战和质疑，该文又名曰《再论持久战》。毛泽东认为在当时，“反对投降和分裂——这就是全国一切爱国党派、一切爱国同胞的当前紧急任务。”这篇文章编入《毛泽东选集》时，题为《反对投降活动》。经过7月3日、7月6日两次中共中央政治局会议讨论，1939年7月7日，正式发表的《中国共产党中央委员会为抗战两周年纪念对时局宣言》指出，“对日中途妥协与分裂国共合作这两种最大的危险，是当前政治形势的重要特点和可能趋势。只有认清特点、克服趋势，才能使抗战获得胜利而避免悲惨的命运。”可以看出，中国共产党人对抗战时期具体时局的判断，是在坚持了马克思主义矛盾分析方法、具体问题具体分析方法的基础上，用发展的、变化的眼光准确地分析了抗日战争中的主要问题与最大危险，是马克思主义方法论的生动体现。

同时，毛泽东也善于运用马克思主义普遍联系的观点看待中国抗战的问题，1939年9月3日以英法对德宣战为标志的第二次世界大战全面爆发后，9月7日《新华日报》发表了毛泽东题

①《毛泽东选集》（第1卷），人民出版社1991年版，第97—98页。

为《国际新形势与我国抗战》的社论，准确分析了帝国主义战争扩大这一新的国际形势，可能对中国抗战产生的有利和不利影响，并仍然以“始终坚持抗战到底的国策，坚持内部团结，尤其是国共合作的方针”来应对国际形势变化，体现了毛泽东对矛盾运动中“变”与“不变”客观规律的深刻认识。

延安时期，中共中央为帮助干部了解时事，在党的倡导下成立了延安时事问题研究会这一学术团体，1939年7月支持研究会出版了一套《时事问题丛书》，分为日本问题、沦陷区问题、国际问题、抗战的中国问题四个问题来研究。同年9月，毛泽东为丛书第二集《日本帝国主义在中国沦陷区》一书写了序言，反对“瞎子摸鱼”“闭起眼睛瞎说一顿”，以及“没有调查就没有发言权”这种作风，这是毛泽东一贯注重调查与实践的作风的体现。在认清时事的过程中，这一序言生动体现了马克思主义“理论联系实际”这一活的灵魂。毛泽东还在序言中说道，“研究时事问题须先详细占有材料，这是科学方法论的起码一点，并不是什么‘狭隘经验论’。”

1939年冬天，毛泽东在《中国革命和中国共产党》一文中正式提出“认清中国的国情，乃是认清一切革命问题的基本根据”这一论断，是对中国共产党成立以来对革命道路探索的经验总结。[①]新民主主义理论正是建立在中国共产党正确认识中国近代社会性质和基本矛盾、主要任务的基础上，运用马克思主义基本原理解决中国近代社会问题和革命问题的科学理论。毛泽东指出：“帝国主义列强入侵中国，在一方面促使中国封建社会解体，促使中国发生了资本主义因素，把一个封建社会变成了一个半封建的社会；但是在另一方面，它们又残酷地统治了中国，把一个独立的中国变成了一个半殖民地和殖民地的中国。”[②]这种半殖民地半封建中国的社会性质，体现在近代中国的政治、经济、文化和社会等各个领域。

①《毛泽东选集》（第2卷），人民出版社1991年版，第633页。
②《毛泽东选集》（第2卷），人民出版社1991年版，第630页。

在政治上，帝国主义不但操纵了中国的财政和经济的命脉，并且操纵了中国的政治和军事的力量。皇帝和贵族的专制政权是被推翻了，代之而起的先是地主阶级的军阀官僚的统治，接着是地主阶级和大资产阶级联盟的专政。这些封建主义势力与帝国主义侵略势力相勾结，共同统治和压迫中国人民。由于近代中国处于若干帝国主义列强的争夺和间接统治之下，又由于中国的土地广大，以及在地方性的农业经济的基础上形成的地方割据势力的存在，中国的经济、政治和文化的发展，表现出极端的不平衡。

在经济上，封建时代的自给自足的自然经济基础遭到破坏，但是，封建剥削制度的根基——地主阶级对农民的剥削，不但依旧在广大地区保持着，而且同买办资本和高利贷资本的剥削结合在一起，在中国的社会经济生活中，占着优势地位。自然经济基础的破坏，商品经济的发展，为资本主义在中国的产生提供了可能。民族资本主义有了某些发展，并在中国政治的、文化的生活中起了颇大的作用；但是，在帝国主义和封建主义的双重压迫下，它始终没有获得充分的发展，力量软弱，没有成为中国社会经济的主要形式，而且它的大部分与外国帝国主义和国内封建主义都有或多或少的联系。近代民族资本工业在这一时期的发展既然仅限于以消费品生产为主的轻工业方面，而缺乏重工业方面的基础，就没有、也不可能建立起独立的经济体系。比如，当时中国的重工业基本上都处于帝国主义势力的控制之下。机械冶炼的生铁的全国总产量在 1913 年为 9.7 万吨，1919 年增至 23.7 万吨，全部为帝国主义通过投资或贷款所控制。铁矿砂的全国总产量自 1913 年的 46 万吨增加到 1919 年的 135 万吨，全部在日本帝国主义控制下。机械开采的煤产量 1919 年为 1280 万吨（1913 年是 767 万吨），3/4 以上被帝国主义控制。凡此种种均说明，尽管民族工商业在资金、设备、技术以及原料等方面不得不依赖帝国主义，但帝国主义依然是阻碍近代中国民族工商业发展的主要力量。

第三，在文化上，在中国千百年的历史上，文化是属于文人士大夫或读书人的事，是“才子佳人”们专有的“阳春白雪”，占人口多数的普通大众把自己长久定位在看客席。中国共产党诞生在封建宗法社会环境中，毛泽东评价这样的环境下，“历来只是地主有文化，农民没有文化”[①]，这也是中国传统文化在近代日薄西山、渐失生机的重要原因，即不会引起人民群众共鸣与好评的文化，必然会趋向刻板、僵硬与单调，特别是广大农村地区长期处于闭塞状态，小农经济下的农民思想僵滞保守，文盲率居高不下。面对僵化的封建主义文化，进步知识分子认识到，要挽救近代中国，仅靠简单移植西方制度是不行的，必须要进行思想启蒙并以唤起国人的文化觉醒。于是，陈独秀等人以《新青年》为阵地，在思想文化领域掀起一场以民主和科学为旗帜，向传统的封建思想、道德、文化宣战的五四新文化运动。这场轰轰烈烈的运动使 20 世纪初的中国经历了一场深刻的思想革命，促进了民众的文化觉醒与思想启蒙。但是，五四新文化运动时期的马克思主义理论探索，虽然使部分近代知识分子选择了马克思主义信仰，但马克思主义却并没有因此而取得完全意义上的话语权，或者说还没有凝练为近代社会变革的主流意识形态。

第四，在社会状况方面，由于帝国主义和封建主义的双重压迫，特别是由于帝国主义的大举进攻，中国的广大人民，尤其是农民，日益贫困化以至大批地破产，他们过着饥寒交迫和毫无政治权利的生活，中国人民的贫困和不自由的程度，是世界所少见。更为严重的是，在多个帝国主义国家的干预下，中国近代在军阀割据的状态下战乱不断。资料显示，四川一省从 1912 年到 1933 年共发生战事 400 次以上。遭受战祸地区的人民，生命财产遇到极残暴的蹂躏掠夺。1919 年初，全国军队达 138 万人，军费占去国家财政收入的 4/5。除去战争对近代中国人财物的吞噬，大大小小的军阀还肆意霸占土地，极尽搜刮民间财富之事。如皖系军阀段芝贵在原籍合肥及芜湖等四县内有良田数万亩，河南彰德三分之一的土地为袁世凯一家所有，东北军阀汤玉麟、吴俊升等

①《毛泽东选集》（第 1 卷），人民出版社 1991 年版，第 39 页。

各拥有良田八九万亩；张宗昌、靳云鹏、冯国璋、张作霖、梁启超等人以裕宁屯垦无限公司名目在吉林省占有田地、森林、矿山达1320余万亩……如此形势下，大量农民的耕地面积迅速减少，再加上地租、高利贷、捐税、战争和各种剥削掠夺，农民生活日渐窘迫，农业生产遭受严重破坏。

这些特点表明，中国社会虽然存在着各种各样的矛盾，但帝国主义和中华民族的矛盾、封建主义和人民大众的矛盾，是近代中国社会的主要矛盾。其中，帝国主义和中华民族的矛盾，乃是各种矛盾中的最主要矛盾。近代以来的中国革命，就是在这些主要矛盾及其激化的基础上产生和发展起来的，因此，半殖民地半封建社会的基本国情，奠定了中国共产党认识中国革命一切问题的基础，是构成新民主主义革命理论体系的一个重要内容。经过长时间探索，延安时期的中国共产党对具体国情的把握有了自觉且深刻的认识，正是由于毛泽东对中国社会性质的界定，对中国国情准确地把握，才准确回答了中国革命的任务、动力等基本问题，才走出新民主主义革命道路，才形成新民主主义革命理论。

二、中国式的革命理论：新民主主义革命理论

1939年，毛泽东在《中国革命和中国共产党》中第一次明确提出了新民主主义的科学概念，并真正从理论和实践的结合上论述了中国革命的性质并作了科学的理论说明。他指出："现时中国的资产阶级民主主义的革命，已不是旧式的一般的资产阶级民主主义的革命，这种革命已经过时了，而是新式的特殊的资产阶级民主主义革命。……我们称这种革命为新民主主义的革命""所谓新民主主义的革命就是在无产阶级领导之下的人民大众的反帝反封建的革命。中国的社会必须经过这个革命，才能进一步发展到社会主义去，否则是不可能的。"[①]1948年4月，毛泽东《在晋绥干部会议上的讲话》中完整表述了新民主主义革

①《毛泽东选集》（第2卷），人民出版社1991年版，第647页。

命的总路线和总政策，即“无产阶级领导的，人民大众的，反对帝国主义、封建主义和官僚资本主义的革命”。

如何实现中国革命？农村包围城市、武装夺取政权的革命道路理论是中国共产党人根据中国革命的具体实际，历经挫折，不断勇敢探索而总结出来的。通过艰苦实践，中国共产党人实现了工作重心向农村的转移，积累了在农村进行革命的完整经验，并从理论上全面阐释了中国革命道路问题。

一方面，农村为中心是主攻方向。正确认识中国国情，突破“城市中心论”思想的束缚，把革命主攻方向由城市转向农村，是中国革命道路的主要特色所在，是保证中国革命走向胜利的基本条件。在确定农村主攻方向的同时，确定了农民是中国革命的主力军，农民问题是民主革命的中心问题，农民问题主要是土地问题等一系列重大问题。其中，土地革命是最为关键的任务。没有土地革命，不解决农民的土地问题，就不能使中国共产党领导下的战争和军阀混战区别开来，就不能使中国共产党领导下的割据与封建军阀割据区别开来，因而也就不能发动广大农民参加革命，武装斗争就会失去群众的支持，根据地就不可能巩固和发展。依据上述认识，中国共产党广泛深入地开展土地革命，满足农民的基本要求，从而将广大农民发动起来，形成了巩固的工农联盟。中国革命扎根于农村，依靠农民，在广阔的农村获得坚实的群众基础，使革命战争获得取之不尽、用之不竭的人力物力资源。中国革命并不单纯满足于农村革命，是基于农村革命以建立解放所有被压迫阶级的、工业化的、社会主义制度的新生国家。

另一方面，根据地建设是战略依托。农村革命根据地是开展土地革命、进行武装斗争的基础和依托，是中国民主革命借以发展的战略基地。没有根据地的存在和建设，土地革命就没有根基，武装斗争就会失去依托，成为流寇主义，而流寇式的武装斗争必然走向失败。只有把农村根据地建设成为巩固的阵地，才有可能与占领中心城市的强大敌人作长期的艰苦斗争。毛泽东曾经非常诙谐地解释了要建立根据地的原因。他说，农村革命根据地之于中国革命，好比人要有屁股，假如没有屁股，就不能坐下来休息，而要是老是站着，老是走着，一定不会持久。革命有了根据地，才能够有地方休息，恢复元气，补充力量，去继续战斗并走向最后的胜利。农村根据地建设是全面而正确的，包括政权建设、经济建设和文化建设。各根据地建设的斗争实践，为在革命胜利后建设新民主主义共和国提供了丰富经验。

分清谁是敌人、谁是朋友，这是革命的首要问题。所谓的革命对象，就是革谁命的问题，现在看起来这个问题非常简单，但在中国民族民主革命过程中，认清革命对象这一问题却经过了相当曲折的过程：太平天国时期，农民革命的领袖们并没有认识到西方帝国主义是革命的对象，一度还把他们看作“洋兄弟”；义和团提出了“扶清灭洋”的口号，没有认清清王朝的反动本质；辛亥革命时期的革命派，也没有明确提出反帝的政治口号；中国共产党一大通过的纲领，甚至把资本主义作为民主革命的对象，还没有正确认识到中国革命的主要对象，直到中共二大通过的决议，才真正开始认识到帝国主义和封建主义是中国革命的主要对象。对此，中国近代一些自由主义知识分子始终未能理解，甚至认为这是不合时宜的判断，在他们眼里“贫、病、愚、弱、私”才是中国革命真正的对象，的确是只见表象、不见本质。

毛泽东在总结中国革命历史经验过程中指出，“中国过去一切革命成效甚少，其基本原因就是因为不能团结真正的朋友，以攻击真正的敌人。”[①] 毛泽东认为，中国革命的对象是帝国主义、封建主义和官僚资本主义，也就是他经常讲的，压在人民头上的三座大山。其中，主要对象是帝国主义和封建主义，首要对象是帝国主义。这是因为近代中国的主要矛盾是帝国主义和中华民族的矛盾，帝国主义是封建主义统治中国的靠山，是近代中国贫穷落后的总根源，因而是中国革命的最主要对象。

中国革命要依靠谁来革命？1939 年 5 月 4 日，毛泽东出席在抗大第五大队坪场举行的延安青年纪念五四运动二十周年大会

①《毛泽东选集》（第 1 卷），人民出版社 1991 年版，第 1 页。

上，作关于青年运动的政治方向的讲话。他评价孙中山开始的反帝反封建的资产阶级民主革命，几十年来没有取得胜利的主要原因，是占全国人口百分之九十的工农群众还没有动员起来。在中国革命中，知识分子起了先锋作用、带头作用，但主力军是工农大众，没有工农大众的动员起来和组织起来，中国革命要取得胜利是不可能的。

新民主主义革命的动力，是包括无产阶级、农民阶级、城市小资产阶级和民族资产阶级在内的人民大众。革命动力问题，也是中国革命的基本问题，但是在以往的革命运动中，这个问题未曾获得正确的解决。辛亥革命不能成功，其中一个重要原因是缺乏广大的依靠力量。以毛泽东为核心的中国共产党，不仅明确了中国新民主主义革命的主要动力是包括无产阶级、农民阶级、城市小资产阶级和民族资产阶级在内的人民大众，而且阐述了各个阶级在中国革命中的地位和作用："在中国社会的各阶级中，农民是工人阶级的坚固的同盟军，城市小资产阶级也是可靠的同盟军，民族资产阶级则是在一定时期中和一定程度上的同盟军，这是现代中国革命的历史所已经证明了的根本规律之一。"①

一是无产阶级。无产阶级是中国新民主主义革命最基本的动力，是最有觉悟性和最有纪律性的阶级，但是，中国的无产阶级人数少，单靠自己一个阶级的力量，革命是不能取得成功的。必须团结一切可以团结的革命的阶级和阶层，组织巩固的统一战线，中国革命才能取得胜利。

二是农民阶级。在中国这样一个落后的农业大国，农民占人口的绝大多数，他们是帝国主义和中国封建势力压迫和掠夺的主要对象，具有强烈的反帝反封建的革命精神。在中国民主革命的整个过程中，农民阶级始终具有特别重要的意义。农民问题是"中国革命的基本问题，农民力量是中国革命的主要力量"。农民阶级是无产阶级最可靠的同盟军，中国的民主革命实质上就是无产阶级领导下的农民革命；中国的革命战争，实际上就是无产阶级

①《毛泽东选集》（第2卷），人民出版社1991年版，第645页。

领导下的农民战争。无产阶级只有同农民结成坚固的联盟才能领导革命达到胜利。

三是城市小资产阶级。城市小资产阶级的人数非常广大，包括广大的知识分子、小商人、手工业者和自由职业者。他们同样受到帝国主义、封建主义和官僚资本主义的压迫，日益走向没落和破产，因此产生比较明确的反帝反封建斗争的要求。他们也是无产阶级可靠的同盟军，是中国革命的动力之一。

四是民族资产阶级。中国民族资产阶级有在一定时期中和一定程度上参加革命的可能。民族资产阶级是一个带有两重性的阶级，“一方面，民族资产阶级受帝国主义的压迫，又受封建主义的束缚，所以，他们同帝国主义和封建主义有矛盾。从这一方面说来，他们是革命的力量之一。”“但是另一方面，由于他们在经济上和政治上的软弱性，由于他们同帝国主义和封建主义并未完全断绝在经济上的联系，所以，他们又没有彻底的反帝反封建的勇气。”[①]无产阶级在领导中国革命的过程中，必须团结民族资产阶级共同对强大的敌人作坚决的斗争，同时对他们的动摇性和妥协性方面，则要进行批评和斗争，实行既联合又斗争的策略。

中国无产阶级是新民主主义革命的领导力量。坚持无产阶级在新民主主义革命中的领导权，这是新民主主义革命总路线的核心，是新民主主义革命区别于旧民主主义革命的根本标志，是中国革命取得胜利和实现社会主义前途的根本保证。

中国资产阶级曾经为领导中国的民主革命奋斗过，但是，辛亥革命失败的事实说明，资产阶级没有能力担负起领导中国民主革命的领导责任，领导中国民主革命的重任历史地落到无产阶级的肩上。中国革命必须由无产阶级来领导，既是中国社会和中国革命发展的要求，也是由中国无产阶级自身的特点和优点决定的。中国无产阶级除了一般无产阶级的基本优点，即与最先进的经济形式相联系，富于组织性纪律性，没有私人占有的生产资料以外，还有它的许多特殊的优点。这些特殊优点包括：第一，深受帝国

①《毛泽东选集》（第2卷），人民出版社1991年版，第640页。

主义、封建主义和资产阶级的三重压迫，而这些压迫的严重性和残酷性，是世界各民族中少见的；因此，他们在革命斗争中，比任何别的阶级来得坚决和彻底。第二，中国无产阶级开始走上革命的舞台，就在本阶级的革命政党——中国共产党领导之下，成为中国社会里最有觉悟的阶级。第三，由于从破产农民出身的成分占多数，中国无产阶级和广大的农民有一种天然的联系，便利于他们和农民结成亲密的联盟[①]。中国无产阶级这些特点和优点，使它成为近代中国一个特别能战斗、革命最彻底的阶级，有能力担当起领导中国革命的历史重任。

无产阶级必须通过自己的政党中国共产党来实现对革命的领导，无产阶级的领导实质上就是共产党的领导。要革命，就要有一个革命党。没有一个革命的党，没有一个按照马克思列宁主义的革命理论和革命风格建立起来的革命党，就不可能领导工人阶级和广大人民群众战胜帝国主义及其走狗。中国共产党和中国革命的经验证明，加强中国共产党的自身建设，是实现无产阶级领导权的根本保证，对中国革命的胜利具有决定性的意义。以毛泽东为代表的中国共产党人把马克思列宁主义的建党理论与中国的具体实际相结合,在长期革命斗争中创立了完整的建党学说。

对于如何认识中国革命的问题，只有搞清楚了中国革命的对象、中国革命的任务、中国革命的动力等问题才能清楚回答中国革命的性质。近代中国是一个半殖民地半封建的国家，中国的革命是民族民主革命，革命的锋芒是指向帝国主义和封建主义以及与之相联系的官僚资本主义。因而现阶段中国革命的性质，不是无产阶级社会主义的，而是资产阶级民主主义的。但是，在第一次世界大战之后，俄国无产阶级已经取得十月革命的胜利之后，在中国无产阶级已经登上政治舞台的历史条件下的中国民主革命，已经转变到一个新的阶段。毛泽东指出，现时中国的资产阶级民主主义革命，已不是旧式的一般的资产阶级民主主义革命，而是新式的特殊的资产阶级民主主义革命。我们称这种革命为新

①《毛泽东选集》（第 2 卷），人民出版社 1991 年版，第 644 页。

民主主义革命。所谓新民主主义的革命，就是在无产阶级领导之下的人民大众的反帝反封建的革命。由于无产阶级的领导，使中国革命产生了许多新的因素，因此，这种新式的民主革命，虽然一方面是在替资本主义扫清道路，但另一方面又是在替社会主义创造前提。新民主主义革命的前途，是经过新民主主义逐渐过渡到社会主义。

三、新民主主义革命后的构想：新民主主义社会

列宁曾根据俄国革命的实际情况把俄国革命划分为布尔乔亚（资产阶级）的民主革命和社会主义革命，这两个革命是一条链子上的两个环子。但这两个环子之间如何过渡，这种过渡时期的具体形态又是怎样的，俄国革命并没有给俄国革命者太多的实践机会，命运也没有给列宁太多的时间对这一理论问题加以全面思考，但这一点给了毛泽东很大的启示。毛泽东根据列宁的设想不仅把中国革命分为资产阶级民主革命和社会主义革命两个不可分割的阶段，而且创造性地提出了新民主主义社会的构想。1940年1月，毛泽东在《新民主主义论》中全面系统地描绘了包括新文化在内的新中国的蓝图，提出了新民主主义社会的政治、经济、文化纲领，为中华民族的发展指明了方向。

毛泽东认为，新民主主义社会是新民主主义革命取得胜利后建立的新型社会。这种社会“性质是资本主义的，但又是人民大众的，不是社会主义，也不是老资本主义，而是新资本主义，或者说是新民主主义”[①]。为什么这样说呢？因为这个社会既包含有资本主义发展的因素，也包含了社会主义发展的因素。所谓资本主义的因素就是指新民主主义革命为资本主义的发展扫清了障碍。所谓社会主义因素，“就是无产阶级和共产党在全国政治势力的比重的增长，就是农民、知识分子和城市小资产阶级或者已经或者可能承认无产阶级和共产党的领导权，就是民主共和国

①《毛泽东文集》（第3卷），人民出版社1996年版，第110页。

的国营经济和劳动人民的合作经济”[1]。但是，新民主主义社会，既不是资本主义社会，又不是社会主义社会，它是中国特有的在民主主义革命和社会主义革命之间存在的一个过渡性的社会。这个过渡性的社会由于上述的社会主义因素，“加以国际环境的有利，便使中国资产阶级民主革命的最后结果，避免资本主义的前途，实现社会主义的前途，不能不具有极大的可能性了”[2]。

革命的目的是为发展扫清障碍。“我们不但要把一个政治上受压迫、经济上受剥削的中国，变为一个政治上自由和经济上繁荣的中国，而且要把一个被旧文化统治因而愚昧落后的中国，变为一个被新文化统治因而文明先进的中国。一句话，我们要建立一个新中国。”[3]毛泽东在《新民主主义论》中勾画了一幅新民主主义社会的蓝图，后来又在《论联合政府》等论著中作了更为具体的阐述。

新民主主义的政治纲领是：推翻帝国主义和封建主义的统治，建立一个无产阶级领导的、以工农联盟为基础的、各革命阶级联合专政的新民主主义的共和国。新民主主义共和国既不同于欧美式的资产阶级专政的共和国，又和苏联式的无产阶级专政的社会主义共和国相区别。

新民主主义国家的国体是无产阶级领导的以工农联盟为基础，包括小资产阶级、民族资产阶级和其他反帝反封建的人们在内的各革命阶级的联合专政。毛泽东指出：“全世界多种多样的国家体制中，按其政权的阶级性质来划分，基本地不外乎这三种：（甲）资产阶级专政的共和国；（乙）无产阶级专政的共和国；（丙）几个革命阶级联合专政的共和国。”资产阶级共和国的道路已被实践证明在中国行不通，而中国社会的性质决定了中国革命的历史进程必须分两步走：第一步是建立新民主主义共和国，无产阶级专政的共和国是将来才能实现的目标。与新民主主义国

①《毛泽东选集》（第 2 卷），人民出版社 1991 年版，第 650 页。

②《毛泽东选集》（第 2 卷），人民出版社 1991 年版，第 650 页。

③《毛泽东选集》（第 2 卷），人民出版社 1991 年版，第 663 页。

体相适应的政体，是实行民主集中制的人民代表大会制度。新民主主义国家的国体决定了人民当家作主，由人民行使管理国家的一切权力，这是新民主主义国家制度的核心内容和基本准则，而人民代表大会制度能够最直接、最全面地体现这一核心内容和准则。总之，国体——各革命阶级联合专政，政体——民主集中制的人民代表大会制度，这就是新民主主义政治。

新民主主义的经济纲领是：没收封建地主阶级的土地归农民所有，没收官僚资产阶级的垄断资本归新民主主义的国家所有，保护民族工商业。

没收封建地主阶级的土地归农民所有，是新民主主义革命的主要内容。在半殖民地半封建的中国，土地制度极不合理，要解放农村生产力，改变中国贫穷落后的面貌，必须废除封建地主土地所有制，进行土地革命，实行“耕者有其田”，以扫除封建的剥削关系，把土地变为农民的私产，发展农民的个体经济，解放农村生产力。党在民主革命时期，逐步认识到土地革命的极端重要性，形成了土地革命路线，这就是依靠贫雇农，团结中农，有步骤、有分别地消灭封建剥削制度，发展农业生产。

没收官僚资本归新民主主义国家所有，是新民主主义革命的题中应有之义。反对官僚资本主义并非因为它是资本主义，而是因为这种资本主义同外国帝国主义、本国地主阶级和旧式富农密切地结合着，是一种买办的封建的国家垄断资本主义。没收官僚资本，包含着新民主主义革命和社会主义革命的双重性质。通过没收官僚资本建立起来的具有社会主义性质的国营经济，在新民主主义社会的多种经济成分中居于领导地位，为建立新民主主义的国家政权，实现向社会主义过渡奠定了坚实的基础。

保护民族工商业，是新民主主义经济纲领中极具特色的一项内容。在新民主主义条件下保护民族工商业，发展资本主义，是由中国落后的生产力和新民主主义革命的性质所决定的。新民主主义革命的对象是帝国主义、封建主义和官僚资本主义，它不是一般地消灭资本主义和资产阶级。同官僚资产阶级相比，民族资产阶级与帝国主义和封建主义联系较少。民族资本主义经济是一种与新生产力相联系的先进的生产方式和经济成分，它对发展现代技术、发展社会生产力具有积极作用。因此，对民族资本主义工商业必须采取保护政策。在新民主主义的国家制度下，让私人资本主义经济在不能操纵国计民生的范围内获得发展的便利，有益于社会向前发展。当然，这种保护不是无条件的。需要保护和发展的资本主义，是有利于而不是有害于国计民生的私人资本主义经济，是不能操纵国计民生的资本主义。

20 世纪中国的国情决定了中国文化的出路在于政治性和社会性的文化变革，它要求人们不能再局限于知识群体且进行伦理化的文化探索，而必须将这种探索转变为事关中国命运的变革实践。任何一种变革中国命运的势力派别，必须在实践中摆脱封建文化的束缚，不拘于外来理论，以解决中国本土问题为指向，使先进文化在内涵上具有本土化的资源和依据，用于广泛的社会动员，否则必然归于失败。

毛泽东在著名的《新民主主义论》中用较大的篇幅论述了新民主主义文化，提出了建立无产阶级领导的人民大众的反帝反封建的新文化的历史任务，而且提出中国文化应有自己的形式，这就是民族的形式。“民族的形式，新民主主义的内容，——这就是我们今天的新文化。”并将这种新文化表述为民族的、科学的、大众的文化。发展新民主主义的文化也是中国共产党人在新民主主义革命时期的历史任务之一，即“不但要把一个政治上受压迫、经济上受剥削的中国，变为一个政治上自由和经济上繁荣的中国，而且要把一个被旧文化统治因而愚昧落后的中国，变为一个被新文化统治因而文明先进的中国。”[①]

新民主主义文化又因其同时具有民族的、科学的、大众的性质而具有历史进步性。“民族的”，也就是符合国情的，能在中国生根发芽的，能解决中国社会发展和进步问题的，因此，任何一种文化必须本土化和社会化才成为民族的文化，以民族的形式

①《毛泽东选集》（第 2 卷），人民出版社 1991 年版，第 663 页。

体现出来，为民族所接受，这是个前提。有了这个前提，才可能上升为先进的文化。社会主义的价值体系是在中国开花结果的先进文化。“科学的”本身就是先进的，科学是推动现代文明社会发展的动力之源。科学可以消除愚昧，在中国现代化的进程中，必须用科学文化的力量去战胜封建文化的腐朽势力。科学又是不断发展的，坚持科学的文化标准，才能够始终为先进文化增添动力与活力。“大众的”不仅从文化的阶级性上表明其进步性，而且在客观方面，即文化的本性是社会存在的范式，文化只有实现了社会化才能存在下去和发展起来，大众化实质是社会化的最高要求，是先进文化的结构性依托，是社会变迁的活性剂等方面表明其进步性。在社会现代化的进程中只有适应社会变迁并推动社会现代化变迁的文化才是真正意义上的先进文化。人民群众是社会变革的主体力量，也就是说先进文化需要先将人民群众上升为文化主体，通过大众的文化动员，为人民群众所拿捏，实现社会旧有文化结构的变迁，然后才能成为社会的主体文化。

1940 年 10 月 10 日，中共中央宣传部、中央文化工作委员会发出《关于各抗日根据地文化人与文化团体的指示》。《指示》强调，应该重视文化人，纠正党内部分同志轻视、厌恶、猜疑文化人的落后心理。应用一切方法在精神上、物质上保障文化人写作的必要条件，使他们人尽其才，为革命事业作出大的贡献。党的领导机关，除一般地给予他们写作上的任务与方向外，要力求避免对于他们写作上人为的限制与干涉。

1940 年 11 月 15 日，中共中央宣传部发出《关于各抗日根据地内小学教育的指示》，指出各根据地的党和政府的领导机关必须把建设新民主主义的小学教育事业提到重要的地位上来，指导、督促县区乡各级党组织、政府机关及群众团体把地方教育事业当作自己的中心工作之一。

1944 年 10 月，毛泽东在陕甘宁边区文化教育大会上作了《文化工作中的统一战线》的讲演。毛泽东指出，“我们的工作首先是战争，其次是生产，再次是文化。没有文化的军队是愚蠢的军

毛泽东和参加延安文艺座谈会人员合影

队，而愚蠢的军队是不能战胜敌人的。”① 当时，解放区文化是人民的进步的新文化和广大的封建遗迹同时并存。不仅存在着大量文盲，而且迷信思想还在影响广大的群众，这些都是群众脑子里的敌人，反对这样的敌人，常常比反对日本帝国主义还要困难些。为动员群众自己起来同自己的文盲、迷信和不卫生的习惯作斗争，就不能不有广泛的统一战线。这个文化工作的统一战线，在教育工作方面，不但要有新式的正规的中小学、不正规的村学、读报组和识字组，而且要利用和改造旧的村塾，在艺术工作方面，不但要有话剧、新秦腔和新秧歌，而且要利用和改造旧戏班和旧秧歌队。文化工作统一战线的原则有两个：第一个是团结，第二个是批评、教育和改造。在统一战线中，投降主义是错误的，宗派主义也是错误的。我们的任务是联合一切可用的旧知识分子，

①《毛泽东选集》（第 3 卷），人民出版社 1991 年版，第 1011 页。

进而帮助、感化和改造他们。为了改造，先要团结。毛泽东最后指出，在改造思想的文化教育工作中，文化工作者必须有为人民服务的高度的热忱，必须密切联系群众，耐心地启发群众的觉悟，并要按照群众的需要和自愿实行改革。否则，就会犯盲动主义的错误，就会流于徒有形式而失败。

1942 年 5 月 2 日至 23 日，中共中央在延安召开文艺工作者座谈会，参加会议的有 80 多人，会议的目的是澄清当时文艺界的一些混乱思想，讨论并明确文艺工作与一般革命工作的关系，解决文艺为谁服务的根本道路问题，求得革命文艺的正确发展和对其他革命工作的更好的配合，使革命文艺真正成为团结和教育人民、打击和消灭敌人的有力武器。毛泽东于 5 月 2 日和 23 日分别作了两次讲话，这就是著名的《在延安文艺座谈会上的讲话》。毛泽东指出开座谈会的目的，在于使文艺很好地成为整个革命机器的一个组成部分，作为团结人民、教育人民、打击敌人的有力武器，为此必须解决文艺工作者的立场问题、态度问题、工作对象问题、工作和学习问题。他希望与会者就这些问题发表意见。毛泽东指出，“文艺为什么人的问题是一个根本的、原则性的问题，为工农兵服务就涉及普及与提高、文艺界统一战线、文艺批评的政治标准与艺术标准等问题。”①他强调既要反对政治观点错误的艺术品，也要反对只有正确的政治观点而没有艺术力量的所谓“标语口号式”的倾向。

1945 年党的“七大”对马克思主义中国化已经取得的理论成果作了系统的总结，使新民主主义理论进一步系统化和完善化。把新民主主义三大纲领进一步具体化，并增添了新的内容。毛泽东在《论联合政府》报告中，不但区分了中国共产党的最高纲领和最低纲领，而且区分了党在民主革命阶段的一般性纲领和具体性纲领。一般性纲领就是，“建立一个以全国绝大多数人民为基础而在工人阶级领导之下的统一战线的民主联盟的国家制度，我们把这样的国家制度称之为新民主主义的国家制度”。“新民主主

①《毛泽东选集》（第 3 卷），人民出版社 1991 年版，第 857 页。

义的政治，就是推翻外来的民族压迫，废止国内的封建主义的和法西斯主义的压迫……建立一个联合一切民主阶级的统一战线的政治制度。”“新民主主义的政权组织，应该采取民主集中制，由各级人民代表大会决定大政方针，选举政府。”[①]新民主主义的经济，同意孙中山“耕者有其田”和“节制资本”的主张，“在现阶段上，中国的经济，必须是由国家经营、私人经营和合作社经营三者组成的。而这个国家经营的所谓国家，一定要不是‘少数人所得而私’的国家，一定要是在无产阶级领导下而‘为一般平民所共有’的新民主主义的国家。”[②]毛泽东在报告中，特别说明了中国共产党人不但不怕资本主义，反而在一定的条件下提倡它的发展的问题。因为，中国共产党的最高纲领，是要将中国推进到社会主义和共产主义社会去的。但是在现阶段，要允许和保护私人资本主义的发展，发挥其有益于国计民生的积极作用。“我们共产党人根据自己对于马克思主义的社会发展规律的认识，明确地知道，在中国的条件下，在新民主主义的国家制度下，除了国家自己的经济、劳动人民的个体经济和合作社经济之外，一定要让私人资本主义经济在不能操纵国民生计的范围内获得发展的便利，才能有益于社会的向前发展。”[③]中国共产党对新民主主义经济的认识，说明党已经自觉地遵循马克思主义基本的原则即生产力标准去思考中国革命的现实和未来的国家建设问题。新民主主义的文化，“同样应该是‘为一般平民所共有’的，即是说，民族的、科学的、大众的文化决不应该是‘少数人所得而私’的文化”。[④]

①《毛泽东选集》（第3卷），人民出版社1991年版，第1056—1057页。

②《毛泽东选集》（第3卷），人民出版社1991年版，第1058页。

③《毛泽东选集》（第3卷），人民出版社1991年版，第1060—1061页。

④《毛泽东选集》（第3卷），人民出版社1991年版，第1058页。

第三章 改造我们的学习
——轰轰烈烈的整风运动

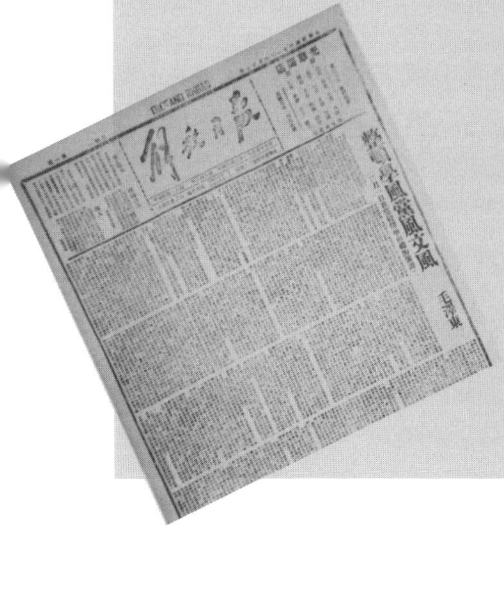
解放日報

整頓學風黨風文風

毛澤東

从 1942 年春天起，中国共产党在全党范围内展开了一次整风运动。整风运动是一次深刻的马克思主义思想教育运动，收到了巨大成效。整风运动坚持马克思主义同中国实际相结合的正确方向，使实事求是的马克思主义思想路线在全党范围内深入人心。1941 年 5 月 19 日，毛泽东在延安高级干部会议上作了《改造我们的学习》的报告，这个报告为整风运动的开展指明了方向。报告在开头便提出，要把我们的学习改造一下，而改造我们的学习，首先，就要解决“到什么地方学习”的问题，这是改造学习的前提和基础；其次，为了有针对性地改造学习中出现的不同情况，需要思考“我们怎样学习”这一问题；最后，为了巩固改造学习取得的成果，我们还要坚持“在不断学习中进步”。基于此，整风运动就围绕着这三个问题，拉开了序幕。

一、“到什么地方学习”

作为以开展学习为先导的马克思主义理论教育运动，整风运动首先要解决的问题就是“到什么地方学习”。毛泽东认为，要指导一个伟大的革命党，如果没有革命的理论，没有历史的知识，要在革命中取得胜利是不可能的。但仅仅有了革命的理论和历史的知识，革命就一定会胜利吗？答案自然也是否定的。革命的胜利，还必须要对实际的革命运动有着深刻的了解。基于此，陈云在《到什么地方学习》中就明确说道，共产党的领导干部不仅要学习理论，而且要会运用理论。只埋头学理论，不懂得联系实际总结经验，那是教条主义的做派，而只凭借某个经验，不分实际情况地应用到所有革命实践中，那是经验主义的做派。因此，延安时期以毛泽东为首的中国共产党人要求这场改造学习的运动必须要到理论中学习、到历史中学习和到实践中学习。

“到什么地方学习”的第一阶段是到理论中学习。马克思主义理论是放之四海而皆准的理论，是指导中国共产党进行革命的科学理论，当然地也就成为理论学习中必不可少的一部分。同

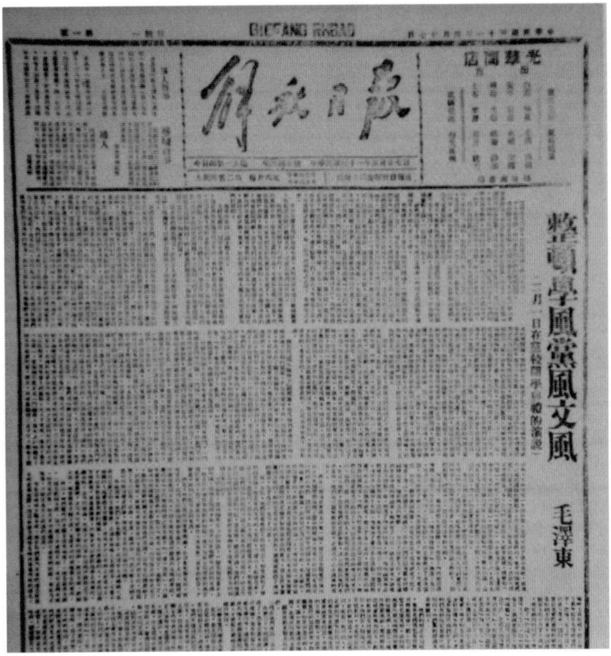

解放日報

整頓學風黨風文風

毛澤東

《解放日报》报道的毛泽东在中央党校作的
《整顿学风党风文风》的报告

时，由于马克思主义理论的伟大力量还在于它要理论联系实际地和各个国家的具体革命实践相结合，所以，中国化的马克思主义理论也是理论学习中不可缺少的一部分。因此，到理论中学习就包括到马克思主义理论和到中国化的马克思主义理论中学习这两部分。

党员干部要到马克思主义理论中学习。毛泽东在接见从前线回到中央党校参加学习的同志时，就强调了党员干部要到马克思主义理论中学习。他认为，要想把党建设成一个有着强大战斗力的无产阶级政党，就必须在党内培养出一大批有学问的干部，第一步就是到马克思主义理论中学习，因此，广大的党员干部就要学习《马恩列斯思想方法论》《共产主义运动中的“左”派幼稚病》和《联共（布）党史简明教程》等经典著作。时任冀中区六地委书记兼军分区政委的青年干部张逢时，把他在延安中央党校学习马克思主义理论的这段经历称为“幸福的时刻”。当时的他才 27 岁，是整个学习小组内最年轻的学员，他和许多新党员、新干部一样，没有经历过内战，没有参加过长征，马克思主义的许多道理都不熟悉。张逢时所在的学习小组内有很多老同志，他们都经历过大革命、土地革命和长征，有着严明的纪律。这些老同志常常带头学习，为他做了很好的榜样，他在小组内学习时，先自己粗读一遍再和大家讨论，讨论后再读文件，然后再相互讨论学习，一次比一次深入。张逢时说在那种环境下，他学习起来总是全神贯注的，劲头特别足，白天学，晚上学，学习从不间断。学校还发了一些参考书，他发愤读书，并做了许多笔记，张逢时说，对马克思主义理论的学习，使他大开眼界，增长了许多知识，懂得了马克思列宁主义普遍原理是能指导中国革命取得胜利的科学理论。他说，之前革命条件艰苦，没办法系统地学习马克思主义理论，现在党中央为他们提供了这么好的理论学习机会，此时的他，是最幸福的。

通过对马克思主义理论的学习，党员干部们对科学的革命理论有了一定程度上的把握和理解，但是不可避免的，他们中的一部分人又走上了另外一个极端，他们把理论看作是教条，认为把书上那些冷冰冰的原理、公式和词句背得越多越好、越熟越好，这导致一些干部张嘴就是“马克思说”“列宁说”，却完全不懂马列主义是什么，完全丢掉了马克思主义理论学习的意义。在学习马克思主义理论时，就闹过这样一个“教条主义”的笑话。当时在列宁、斯大林的许多译著中，常用“苏维埃”作为苏联政府的代名词，但许多干部在学习时并不知道“苏维埃”到底是什么，甚至以为“他”是革命先辈苏兆征的弟弟。闹出这样“教条主义”的笑话立即引起了毛泽东的反思，看来只强调学习马克思主义理论是远远不够的，同时还要加强对中国化马克思主义理论的学习，这才是真正的“理论联系实际”。

基于此，党员干部在马克思主义经典原著学习的基础上开始了中国化的马克思主义理论的学习。当时要求党员干部学习的一手材料主要有毛泽东的《改造我们的学习》《整顿党的作风》《反对党八股》《矛盾论》和《实践论》，刘少奇的《论共产党员的修养》和陈云的《怎样做一个共产党员》等。这些著作比马列原著更能感染党员干部，与直接学习马列原著里冷冰冰的原理、公式和词句时，大家一个个只会引经据典、生搬硬套相比，这些报告和学习文件更能让人理解什么是马克思列宁主义，还能学会“理论联系实际”，理解什么是中国化的马克思主义。

时任四川省工委代表的中青年干部邹风平，在延安干部会议上听完毛泽东作的《改造我们的学习》报告后，内心十分激动，毛泽东讲的都是自己经历过的事情，想过的问题，但是由于缺乏对马克思主义理论的了解，实际的革命经验也不足，因此自己没有也不能把这些经历和想法提升到理论的高度。听完毛泽东这么一席理论化的讲解，他心里好比是开水浇雪，化开了一大摊，感到说不出的痛快！他说，他和在场的许多同志纷纷感叹，毛主席可真英明！党有了他的领导，中国革命就一定会有大发展、大胜利。他在自己的笔记中总结了这次报告的精神，就是“实事求是”，还和其他同志互相分享交流，让更多同志将“实事求是”作为座右铭时刻提醒自己。

“到什么地方学习”的第二阶段是到历史中学习。人不通古今，牛马而襟裾。作为一名共产党员干部不仅要对党某一阶段的历史有所了解，更要了解党成立以前、成立以来的全部历史，不能只知道英国革命、俄国革命一路是怎么走来的，而不知道中国的革命道路是怎么走的，必须要“把屁股坐在中国身上”[①]，深刻体会中国的社会及革命历史是怎么一步一步发展来的。

到历史中学习的重点就是到党的历史中学习，而在党的历史

①《毛泽东文集》（第2卷），人民出版社1993年版，第407页。

中学习的重点则是搞清历史路线的是非问题，这是关系到党的生命的根本问题。为了帮助和鼓励党员干部学习党的历史，搞清历史路线的是非问题，毛泽东花费了很大精力亲自主持编辑并审核了《六大以来——党内秘密文件》《六大以前——党的历史材料》和《两条路线》这三套历史文献，总数多达800余篇，涵盖了自大革命时期到整风运动中党的主要文件和材料，被统称为“六大”文件。

时任中共中央北方局副书记的杨尚昆曾经在莫斯科中山大学读书，他在读书期间读过不少马列著作，也学过革命史，但教员讲的都是俄国和英国的革命历史。杨尚昆说他在那里读了四年书，就没有在课堂上听到过“毛泽东”，也没听过“农民运动”，虽然知道中国人口90%以上都是农民，但认为农民只是工人阶级的同盟者，并不是革命的基本力量。尽管当时出席“六大”的代表到中山大学来作过报告，但也还是没讲“毛泽东”，没提过“农民在中国也是革命的基本力量”。杨尚昆到延安后，在中央成立的思想方法学习小组内和政治局的同志们一起学习，在历史学习阶段，他系统地读了“六大”文件，才对党和党的历史有了一个完整的认识，才开始认识到学习党的历史的重要性，他和许多同志还把“六大”文件称为“党书”，认为“党书”在历史学习中发挥了巨大作用，是推进“马克思主义中国化”的有力思想武器。

当谈到在中央党校学习历史的经历时，张逢时用“实事求是”这四个字来总结。据他回忆，在学习“六大”路线问题的高潮阶段，不管是会上会外，还是走路吃饭，每个人讨论的话题都是和“六大”、路线有关的。在党校领导的鼓励下，大家踊跃发言，积极地讨论着自己对“六大”路线的看法，说错了从不怕出丑，都是本着实事求是的态度在认真地学习和讨论问题。张逢时说，他还记得大会上同志们热情发言的场景，有一位同志发言时，首先宣称“六大”路线基本是错误的，他的声音洪亮，语言清晰，显得很激动，引得上千名听众聚精会神；又有一位同志在刚开始发言时没有表示自己认为“六大”路线是对还是错，结束时竟声明自己并不代表哪一方，而是谁同意就代表谁，他的讲话顿时引起哄堂大笑。当时和张逢时同住一口窑洞的刘慎之也在台上发了言，他参加过“六大”，介绍了“六大”会议的过程和参加人员的情况，他说“六大”散会后有不少同志从欧洲西线回国，他是从东线，从海参崴经东北回国的，回国后在一个学校当堂役。

此外，张逢时还回忆了周恩来在党校作的“六大”报告的情况。周恩来清楚地记得刘慎之是唐山人，这般记忆力让在座的同志都很佩服，他还讲了当时在国内一些优秀的同志和领导人，如毛泽东、刘少奇等同志都没能参加“六大”会议。周恩来先是带领大家回顾了大革命后的历史，各阶层代表人物的态度与行动，接着分析了“六大”前后的革命形势，明确指出这是一场反帝反封建的资产阶级民主革命。最后，他还指出了“六大”会议的缺点和会上没来得及深入研究的问题。周恩来的这个报告结合着历史事实将“六大”中的路线问题讲得很实际、很透彻，就像在同志们的心里下了一场透雨，让人醍醐灌顶。此外，他还耐心解答了党员干部们在历史学习中争论的一些问题，并在最后得出了“‘六大’决议基本是正确的”结论。他还赞扬了中央党校开展的历史路线问题学习是党内思想的一次大解放，称赞毛泽东同志要求党员干部“到历史中学习”是明智的。

“到什么地方学习”的第三阶段是到实践中学习。整风运动中，为了使全党的学习能够理论联系实践，毛泽东提出必须要充分重视调查研究。为此，毛泽东先后撰写和起草了《关于农村调查》和《中共中央关于调查研究的决定》等系列文章和文件。在这些文件中，毛泽东着重讲了调查研究应采取的态度和方法。“没有调查就没有发言权”“不做正确的调查同样没有发言权”[①]，调查研究是马克思主义普遍原理与中国具体革命实践相结合的中心环节，调查第一是眼睛向下看，第二是开调查会，成立调查研究团，广大党员干部一定要学会通过开展调查研究，到实践中学习。

时任中共中央政治局委员、书记处书记的张闻天率领新组建

①《毛泽东文集》（第 2 卷），人民出版社 1993 年版，第 382 页。

的延安农村工作调查团，深入陕北、晋西北农村基层开展蹲点调查研究，不仅收获了一批对党有重要意义的调研成果，还结合自己调研的实际经历总结出了宝贵的经验。“只有亲自动手得来的材料，才是比较可靠的。别人的材料，只能当作参考”。[①]张闻天认为，作为调研者要同当地党、政、军、民等机关取得联系，得到他们的帮助，但不要完全依赖他们，一定要独立自主地做工作。按常理，到一个地方调研，当地机关提供的材料是重要的一手资料。然而，当时处于中央领导位置的张闻天，在审阅过大量地方上报的材料后意识到，许多地方机关干部整理材料、机关领导审查材料时，确实存在主观主义、形式主义等不正之风，这就大大降低了地方机关所提供材料的可靠性，不能完全实用，只配参考。延安农村工作调查团成员马洪回忆了这样一个小故事。1942 年春在晋西北兴县调查时，正遇上春耕，突击种棉。政府号召大家三天之内把棉花种好，还下发了一张表，了解各户种了多少棉花。但结果是棉花还没有种，下面表就已经填好了。由此可见，只从政府机关那里了解材料是很不可靠的。张闻天不仅特别强调“亲自动手”，自己也真正做到了“亲自动手”。在陕北神府县直属乡调研期间，他就住在贺家川村，对神木农村 8 个自然村亲自进行调查，贺家川村里几乎每一家他都去过，和每一家户主都谈过话并亲自做了记录。

张闻天认为固化的书面历史材料比口述的历史材料更可靠，关于过去的历史材料，平常人不易记忆清楚，以书面材料较为可靠。但当时正处于革命战争时期，村里、户里保存的书面历史材料损毁丢失严重，收集着实不易。在调查陕北米脂县杨家沟这一典型的地主村时，张闻天得知村里最大的一家地主马维新保存着自清朝道光二十五年（1845）至当年近百年的大量买地、典地、收债、雇工、经商和日常生活收支等各种账簿，足足堆满好几间房，如获至宝。他干脆直接住在马维新家里，把那些账簿全部借过来，不分白天黑夜，一本一本亲自翻阅，并叫调查团的成员一

①《张闻天文集》（第 3 卷），中共党史出版社 1993 年版，第 112 页。

起帮忙整理、统计和抄录，一忙就是几十天。在张闻天的指导和把关下，调查团以这些账簿为主要调查材料，顺利写成了《杨家沟调查》。因为材料翔实可靠，《杨家沟调查》成为后来国内外研究中国封建地主经济极为珍贵的历史文献，有“东方《资本论》”之称。张闻天曾风趣地说道：“马克思在伦敦大英博物馆里算资本家的‘账本子’，写了《资本论》，我们想弄明白中国的经济，也不能不研究马太爷的‘账本子’啊！”张闻天还常和其他从事调查研究的同志们强调可靠的材料，是“要经过几次三番的调查才能得来的”，“要重视实地考察等经验和方法”①，推动了党内调查研究工作的顺利开展。

通过实地调查研究获得的这些基本经验和方法，让党内许多成员脚踏实地地了解中国国情，懂得了什么是“理论与实践相结合”，为什么要把马克思主义普遍真理同中国革命实践相结合，这体现了党“实事求是”的思想路线和“理论联系实际”的学风，这也是党办事、工作、学习、思考问题的基本原则。

二、“我们怎样学习”

整风运动是一次全党范围内的马克思主义的思想教育运动。面对艰难的战争形势和党内成员在学习方法上普遍存在的一些情况，这场浩浩荡荡的学习运动必须要有正确学习方法的指导。徐特立在《再论我们怎样学习》中就强调了“我们怎样学习”是学习的第一等问题，是打开学习大门的一个问题，如果这一问题不解决，那么，一切学习的方法就都成无用的了，而且学习方法并不是学得越多越好，因为知道的方法越多，精神反而越不集中了，因此解决“我们怎样学习”的首要问题，一定要从党内成员的实际学习情况出发。作为这场学习运动的领导者，毛泽东提出了三种学习的方法。其一，针对学习时间不足和产生了厌学、自满情绪等情况，提出了“挤”“钻”和“学到底”相结合的学习方法；

①《张闻天文集》（第3卷），中共党史出版社1993年版，第113页。

其二，为了兼顾不同群体的不同学习需求，在全党范围内的集中性学习中，提出了将区别对待，突出重点，分类指导的原则贯穿到全过程；其三，为了使学习深入灵魂，在学习阶段接近尾声时，提出党员干部根据学习文件广泛地开展批评和自我批评。

整风运动正逢抗日战争进入相持阶段。此时，抗日民主根据地面临着极其困难的情况，作战、生产以及其他烦琐的各项工作占据了每一位党员的大多数时间，他们可支配的学习时间受到了影响，党内许多人包括一些高级干部在内，纷纷以学习时间少、知识水平低为借口逃避学习，这引起了毛泽东的高度重视和思考。他告诉全党，身为共产党员就要学习理论，而不是回避和偷懒。为此，毛泽东提出了著名的“挤”“钻”和“学到底”相结合的学习方法，要求全党在学习实践中严格贯彻和灵活使用。

首先，“挤”，是针对时间少、工作忙的情况。“挤”字很生动形象地描述了要用“挤”时间的办法来学习理论，就好比开会的时候人很多，就要挤进去才能有座位；又好比木匠师傅钉一个钉子到木头上，需要木匠师傅向木头 “挤”，才能成功。在特定时期，每个人工作忙、时间紧，但是把这个“挤”的方法用到学习上，在每天工作、吃饭、休息中间，一个往上挤，一个往下挤，一定可以挤出两个小时来学习。其次，“钻”，是针对文化水平低，看不懂理论的情况。马克思主义理论对一些文化水平不高的干部来说确实有难度，但是这也正像打仗一样，要学会“攻读”理论，要想读通马克思主义的道理，就非“攻”不可，读不懂的东西要当仇人一样地攻它。只要持之以恒，“正侧攻击”地去学，就一定可以“攻”破了。最后，针对那些“自己懂了一点，就以为满足了，不要学习了”的情况。为了克服骄傲自满的情绪，必须采取“学到底”的方法，对理论的一知半解和学不到“底”是学习阶段最大的敌人。学习没有捷径，必须坚持“挤”“钻”和“学到底”相结合的方法，才能顺利完成到理论、历史和实践中学习的任务。

在整风运动阶段，陈云总是积极带头学习，为身边的其他党员树立了“挤”“钻”和“学到底”的榜样。陈云曾强调：“学习是做好工作的一个条件，而且是一个必不可少的条件。”[①]虽然出身贫苦农民家庭，但陈云从小酷爱学习，小学毕业后利用在商务印书馆当学徒和店员的机会“挤”时间读了许多书，较早地接受了革命民主思想和共产主义思想。延安时期，陈云长期担任党和国家的重要领导职务，工作异常繁忙，但他发扬“挤”的精神，绝不放弃学习，更不因职务高、年龄大而放松学习。毛泽东曾经赞扬陈云具有“挤”出时间来学习的精神，陈云同志有“挤”时间学习的经验，有法子‘挤’出时间来看书开会，这一点是十分难得的，也是值得党内广大成员学习的。

陈云担任中央委员会组织部部长时，要求中组部的在职干部特别是领导干部要潜心研读马列著作和毛泽东著作。为探索在职干部学习理论的路子，他在中组部组织了六人学习小组，亲自担任组长。这个小组坚持了五年，影响很大。陈云规定的学习方法是：对很厚的一本哲学书，从头至尾一章一章地、一段一段地读，每个星期必须读到哪一章哪一段。在学习小组讨论会上，每个人都必须如实报告是否精读了规定的章节，包括他自己谁也不能以工作忙没读完规定章节为借口，然后再开始讨论，各抒己见。尽管事务工作十分繁忙，但陈云从来没有漏掉一章一节。有几次，他参加中央书记处的会议直到天将破晓，擦了把脸后，就赶到学习会现场。陈云在学习小组内学习哲学时，短短几年中，就留下了十多个厚厚的笔记本，达好几千页、上百万字之多。不去坚持“挤”时间、“钻”学习是根本做不到的，这些事例也给大家留下了深刻印象。

对于“学到底”，陈云也有着自己的方法。首先就要反对那种自高自大、自视高明的倾向。学习理论一定要联系实际，要想掌握真正的理论，只有在实际工作中才能逐渐深刻地领会。理论联系实际的前提是要把书读懂。如果书还没有读懂，就不要急于去“联系实际”，弄得牛头不对马嘴，还不如先把书上的东西学

①《陈云文选》（第1卷），人民出版社1995年，第188页。

到底。其次，针对每个人的文化程度不同，生长环境不同，读书也要采取不同的办法。而且要制定出一个切实可行的计划，坚持不懈地照着去办。比如，做读书笔记和开展小组讨论。读书的同时要做笔记不仅可以让你多读几次，还能逼着你聚精会神，认真思索，使你了解深刻些，而不像随便看过去那样模模糊糊。

坚持“挤”“钻”和“学到底”相结合的学习方法，稳妥地解决了整风运动中进行的学习阶段与其他实际工作的矛盾，帮助党内广大党员干部们克服了时间少的困难，弥补了学习不精的毛病，实现了学习与工作、生产之间的良性互动，使得全党的理论水平和政治水平都有大幅度的提升，工作积极性和工作效率也有很大提高。

整风运动时期开展理论教育的一大特点就是集中学习。在整风运动中实施集中学习不仅是可行的，而且是必要的，其成效好坏，直接关系到整个党能否在政治上统一思想。然而，在集中学习的过程中，党内各个成员都有着不同于他人的特殊性与差异性。充分认识和考虑到这些差异，并根据具体情况作出具体的安排，则是这次集中学习能否取得良好成效的关键。因此，作为一次全党范围内的集中学习，整风运动采取区别对待，突出重点，分类指导的学习方法。

“区别对待、分类指导”主要是指从党员本身的实际情况出发，按照他们的已有理论水平与革命经验来突出学习内容的侧重点，在不同的阶段和条件下，针对不同的对象，制定不同的教育计划，确立不同的教育目标，运用不同的教育方法，有步骤、分类别地完成学习进度和任务，既要坚持整体性，又注重层次性，使整风运动的集体学习最大限度地克服单一性。中央研究院就根据这一学习方法，针对两类不同成员的学习情况，采取了不同的指导方法。

中央研究院的党员有一些是小资产阶级出身的青年知识分子新党员，他们有救亡爱国的精神，一般信仰马列主义，信任中国共产党，是自觉自愿地不远千里、不怕艰难投奔延安参加革命

1942 年 2 月 21 日，中宣部在八路军大礼堂召开延安干部大会，传达毛泽东整顿三风的报告

和学习的，他们有一定的政治觉悟、革命理想和学习热情，大多数本质是很好的，但世界观基本未改造，带来了某些非无产阶级思想主要是小资产阶级思想，缺乏党性修养和实践锻炼，在学习上很容易接受教条主义的影响，因此，通过加强理论教育以改造世界观，是对青年一代的教育重点。其他的则是中年一代的党员干部们，他们大都经历过革命，对马克思主义革命理论有一定程度上的理解，在理论学习中还能给青年一代起到带头作用，但是

在一些历史问题上，尤其是历史路线是非问题，还存在着一些误解，所以，对中年一代进行教育的侧重点就要放在历史学习上，即对党历史上路线是非问题的教育上。

中央研究院根据这一特点，以马列主义、毛泽东思想为武器改造小资产阶级青年知识分子的世界观，引导他们走向无产阶级的轨道，当作实施“区别对待，分类指导”的首要任务。1938年入党的绥德师范学校的教师白炳书，在他的整风运动回忆录中写道：整风运动以前，绥德师范里师生的思想状况比较复杂，在党接管后，组织了学校师生多次赴延安、晋西北参观访问，还成立了学生会，发展了一批新党员，很多人的政治思想有了很大进步，但是部分同学也和部分留任教师过去受国民党反动教育的影响很深，再加上当时浓厚的封建意识，极少数人甚至把前途与希望寄托于国民党。整风运动的理论学习阶段开始后，大部分同学在政治思想上彻底清除了过去受国民党反动教育的影响，明确地认识了只有共产党才是代表着中国的前途和命运，从而坚定了跟党走的信念，树立了正确的世界观，使整个绥德师范的面貌也焕然一新。许多青年人在当年作总结时说，这次整风学习只有几个月，但对他们每个人思想的影响、收获、变化来说却是十分巨大的，等于平常时期的几年。有些人原以为入了党就是无产阶级了，整风学习之后才弄清了小资产阶级思想同无产阶级思想的区别，才认识了一个共产党员不仅要在组织上入党，更要在思想上入党。

在深刻教育中年，引导他们辨清了历史上路线是非问题的同时，当时中央研究院也把改造小资产阶级青年知识分子新党员的世界观当作自己的任务，而直接帮助青年整风的都是中年干部。中年一代大多是各条战线上的负责干部，在学习阶段他们都同青年一代共同学习马克思主义理论和中国化的马克思主义理论，但是从学习的广度和深度来说，则是在党中央和毛泽东领导的学习“六大”文件，即学习两条路线斗争的历史中，受到了更深刻的教育。李维汉是一位建党时期入党的老党员，在白区和苏区工作很多年后经长征到延安，那时他已经46岁了。学习“六大”文件的这段经历，是他在整风运动中收获最大的学习阶段，使他的世界观得到根本性转变。虽然党的路线斗争的历史主要靠自学，但李维汉则始终以热忱的态度对待学习，单单是历史学习的读书笔记，他就做了四五本，学习完“六大”文件，李维汉还结合自己曾在路线问题上犯的错误进行了深刻的反思，在小组会上进行自我批评，最终对党的路线问题有了正确的认识。他在后来回顾总结这次整风运动时就说，通过对党的历史的学习，他彻底地分清了历史上路线是非问题，这次的历史学习使他彻底地把握了历史上党的路线是非问题。

通过区别对待，突出重点，分类指导，整风运动教育了青年、中年两代人，教育了新、老两层干部。这是对全党干部进行的一场史无前例的马克思主义教育运动，实现了六届六中全会的号召；这也是党在毛泽东领导下统一全党思想的伟大创举，体现了开展整风运动的意义。

批评和自我批评是整风运动中最具有针对性的学习方法，也是有效核心的学习方法。进行批评与自我批评，就是要求全体党员根据学习阶段的各个文件进行自我对照、自我剖析，反思自身存在的缺点和不足，大家不仅要善于向别人提出批评，还要学会耐心地接受别人的批评，更要勇敢地对自己进行自我批评。批评与自我批评，是对学习阶段到理论中学习、到历史中学习、到实践中学习的思考和反馈，同时也是对党内成员以良好的学风和正确的学习方法继续学习的督促。

“惩前毖后，治病救人”是开展批评与自我批评的方针，既团结同志又弄清思想是开展批评与自我批评的目的。其中，“批评”是面向全体党员的相互批评，无论是领导干部还是普通党员，大家广开言路，无所拘束，主动地承认和坦白错误，有利于党内民主的充分发扬。“自我批评”是针对党内全部成员的，上到中央领导，下到刚入党的新党员，大家都要进行自我批评，党的领导和干部还要带头进行自我批评，毛泽东、张闻天等中央领导人就在整风运动中主动接受批评，带头进行自我批评。

毛泽东带头进行自我批评。1940年下半年，彭德怀指挥“百团大战”给日伪军以沉重打击，鼓舞了中国军民抗战的斗志，但在一次会议上，有一些同志批评彭德怀搞的是有野心的“入股革命”，背着党中央擅自发动“百团大战”导致过早暴露党的实力，彭德怀听后很是恼火。会后，他找到毛泽东和周恩来，想就此交换下意见。三个人在毛泽东居住的窑洞里坐到一起，毛泽东首先真诚地对彭德怀作自我检讨，认为现在大家产生了误会，责任全在自己，自己事先没和大家通气，事后又没做解释，让误会没能解决，这也是自己的不对。毛泽东最后还向彭德怀强调“百团大战”是无可非议的，接着他耐心地向彭德怀讲了有些同志不满的原因，指出了自己和彭德怀各自存在的错误之处。听了毛泽东的这番话，彭德怀的气消了，他认真地跟毛泽东说，同志间的了解、信任胜过最高奖赏，有主席今晚的这席话，我现在就是死也是死而无憾了。毛泽东还让彭德怀多给自己提提意见，彭德怀也直言，他对毛泽东只有一条意见，就是会前应该给自己打个招呼，让他也有点思想准备。最后，彭德怀郑重其事地说：“你毛泽东，我彭德怀，他周恩来，我们在党内都要自觉地接受党的监督和约束，办任何事都要从党和人民的利益出发，我们谁也不能头脑发热、独断专行、随心所欲。否则的话，势必给党和人民造成无可挽回的损失。如果发生了这种反常的事，那么对我们来说，就是欠了党和人民的债，是有罪的啊！”毛泽东十分认同彭德怀的话，他非常感动，紧紧地握住彭德怀的手，说：“你讲得太好了，我建议将你的这个观点，写到我们的党章里去。”毛泽东以身作则，使批评和自我批评在党内蔚然成风，后来，“批评与自我批评”在党的七大被作为三大优良作风之一予以确认。

1941年7月，为纪念中国共产党成立20周年，中共中央政治局通过了《关于增强党性的决定》，强调要积极开展批评与自我批评，党的领导干部必须参加党的组织生活，听取党员群众对自己的批评，还要带头进行自我批评，在批评与自我批评中增强党性。会上，党的高层领导人开展了尖锐的批评与自我批评，特别是一些曾经犯过错误的同志，在会上进行了深刻检讨，不少同志两次发言，甚至三次发言，诚恳地检讨自己的错误。会议的第一天，在毛泽东作了关于反对主观主义和宗派主义的报告后，张闻天第一个发言做了自我批评。他说，第五次反“围剿”的损失，我是最主要的负责者之一，应当主动承认错误。共产国际把他们这一批没有做过实际工作的干部提拔到中央机关来，其实是一个很大的失误，也给党带来了损失。在接下来的会议上，张闻天再次做了自我批评，他说，这次会议精神很好，对自己很有帮助，我个人在学习中的主观主义、教条主义倾向较为严重，使理论脱离了实际，这都是由于在过去没有过实践的经验。张闻天的自我批评并不是说空话，在会议结束后不久，他就去农村深入实践，实事求是地给自己“补课”。1942 年 1 月，他率领调查团赴陕北和晋西北农村进行了长达一年零三个月的实地调查，撰写了大量调查报告，这些调查报告，实事求是地记录了抗战时期中国农村实地考察情况。

批评与自我批评，作为一个用正视错误和分析错误的方式来相互教育和自我教育的过程，极具针对性地解决了党内存在的问题，它的大力开展，不但有利于全党发扬党内民主、坚持全心全意地为人民服务，而且使党内成员能够正确地对待党内矛盾和思想斗争的对立，真正明白什么是应该发扬的，什么是必须丢弃的，以及什么是“惩前毖后，治病救人”。

三、“在不断学习中进步”

整风运动是马克思主义政党一次空前的全党范围内集中学习运动，是中国共产党在党内进行的一次加强无产阶级政党建设，增强党的战斗力的成功实践。通过到理论、历史和实践中学习，全党的理论水平整体上有所提升，形成了实事求是、理论联系实际的学风；通过采取正确的学习方法，解决了学习中出现的问题，青年一代改造了世界观，中年一代分清了路线是非；通过开展批评和自我批评，既发扬了党内民主，又改正了错误，坚定了党员们全心全意为人民服务的宗旨。整风运动这场以改造学习为出发点的学习运动，最终统一了全党思想，锤炼了党性原则，孕育产生了光照千秋的延安精神，指导着党在不断学习中保持进步。

整风运动统一了全党思想。整风运动是延安时期马克思主义中国化的普遍教育阶段，这一阶段的最显著特征是在中国共产党全党范围内开展了马克思主义中国化的普遍教育。从马克思主义中国化的角度看，整风运动其实就是一场马克思主义中国化运动，是一次普遍的马克思主义中国化教育运动。这次运动提高了广大党员干部的马克思主义理论水平，端正了党的思想路线，摆脱了教条主义的束缚，促进了思想解放，使马克思主义中国化获得了普遍认同。因此，延安整风运动既是中共历史上的一个重要事件，也是马克思主义中国化历史上的一个重要事件，在马克思主义中国化进程中占据着至关重要的地位。

整风运动的性质，自始至终被定为一个普遍的马克思主义教育运动，它极大地推动了马克思主义中国化的进程。1957年3月，毛泽东指出："我们过去说过，整风运动是一个'普遍的马克思主义的教育运动'。整风就是全党通过批评和自我批评来学习马克思主义。"[①] 具体来看，可以从以下三个方面来理解整风运动是如何推动了马克思主义中国化的进程。

第一，整风运动端正了党的思想路线，促进了党内思想的大解放。遵义会议后，中国共产党从军事上、政治上纠正了以教条主义为特征的王明"左"倾错误，然而，还没有来得及从思想上清算这种错误，党的干部对这种错误的思想还缺乏深刻认识，思想层面仍留有主观主义的遗毒。直到1942年毛泽东作了《整顿党的作风》《反对党八股》的报告后，指出了党内主观主义严重存在的状况，才引起了党内同志对这一问题的高度重视。因此，要彻底消除主观主义特别是教条主义在党内的影响，从根本上解决思想路线问题，开展一般的学习和教育是行不通的，还必须在

①《毛泽东文集》（第7卷），人民出版社1999年版，第274—275页。

全党开展普遍、深入的马克思主义中国化教育，从思想深处解决问题，这就“需要有一个切实的严肃的整风运动”[①]。因此，整风运动不是以特定人物为目标的清算运动，而是使广大党员从错误思想路线的桎梏中解放出来的思想解放运动。

第二，整风运动创造了马克思主义中国化教育的有效形式。在党内开展马克思主义中国化的思想理论教育，必须采用正确、有效的方法。在整风运动中，中国共产党创造了许多在党内进行马克思主义中国化教育的成功经验，如用相对集中的时间，采用学习、对照、检查、批评和自我批评的办法，解决党内矛盾，并始终坚持“惩前毖后，治病救人”的方针。事实证明，用整风的形式来开展马克思主义中国化的教育，是中国共产党独创的教育学习方式，整风运动是马克思主义教育的最好形式，也是实现马克思主义中国化的有效途径。因此，毛泽东在中共七大政治报告中明确提出,我们今后要继续用整风的形式开展党内的思想教育。

第三，整风运动使马克思主义中国化成为全党的普遍认同。整风运动是一次全党的普遍的马克思主义理论和学习运动，这场运动的中心任务，就是对马克思主义理论的学习和研究，特别是对毛泽东为代表的中国化的马克思主义理论的全面把握。由此可见，马克思主义理论学习教育是整风运动的主题，但这种学习教育不是教条式的，而是要学会把马克思主义普遍原理与中国革命具体实践相结合，解决中国革命的实际问题，因而整风运动的实质是马克思主义中国化教育。整风运动不仅使马克思主义中国化的观念深入人心，而且使全党对马克思主义中国化达成了共识，对中国化马克思主义的选择更加自觉。

综上，从马克思主义中国化的角度审视，整风运动打破了照抄照搬马列词句、共产国际指示和苏联经验的教条主义精神枷锁，确立和巩固了中国共产党实事求是的思想路线，开创了马克思主义中国化教育的有效形式，促进了全党在思想上的团结和统一，使马克思主义中国化在影响力上从少数领导人扩展到广大党员干

①《毛泽东选集》（第3卷），人民出版社1991年版，第875页。

部再到遍及全党，在内容上从零散臻于系统，极大地推进了马克思主义中国化历程。基于此，延安整风运动不仅是中国共产党历史上一次普遍的解放思想、集中学习马克思主义的学习运动，更是创造性地运用马克思主义、成功实现马克思主义中国化的伟大创举。

整风运动锤炼了党性。党性是共产党员应具有的党员本性，是共产党员应具备的根本修养。但党性并不是入了党就能具备的，也不是任何党员都具备的，它是要经历艰难的思想斗争和实践考验才能锤炼出来。

刘少奇在《论共产党员的修养》中就明确阐释了锤炼共产党员的党性的必要性。他说："共产党员不仅要到理论、历史和实践中学习马克思主义理论，更要用马克思主义理论改造自己的世界观，这是一个漫长甚至会有痛苦的过程，但也是成为一个真正的共产党员所必经的过程。"[①]锤炼党性对党员来说是必需的，尤其是那些刚入党的青年知识分子们，他们热情地投入整风学习中，衷心地拥护党的领导，但是，他们的世界观和立足点还停留在小资产阶级，用文雅一点的话来说，就是他们的灵魂还处在一个小资产阶级知识分子的王国里，因此，一个共产党员要想真正地在思想上入党，就必须让党性得到锤炼，这是每个共产党员必经的心灵之路，也是在思想上转变为一个真正的共产党员的必由之路。

"在清水里泡了三次，在血水里沐浴三次，在碱水里煮三次。我们就会干净得不能再干净了。"刘白羽用托尔斯泰的题词来总结锤炼自身党性的过程。和大多数青年知识分子一样，刘白羽通过认真地到理论、历史和实践中学习逐渐认识到，整风运动其实是一场通过学习从根本上改造世界观、人生观的运动，因此，要想真正从思想上摆脱小资产阶级的束缚，登上共产主义理想的高峰，还需要进行深刻的自我反思和自我剖析，完成一次脱胎换骨的党性锤炼。

①《刘少奇选集》（上卷），人民出版社1981年版，第112页。

刘少奇撰写《论共产党员的修养》

刘白羽在五次修改自己的思想报告时就经历了这样的党性锤炼。时任中央党校第三部副主任的张如心负责检查指导刘白羽的思想报告，他也是那个挽着刘白羽的手涉过了三次清水、三次血水、三次碱水的人。刘白羽的第一份思想报告很快就写好并交给了张如心，但仅过了一天，张如心就把思想报告又退给了刘白羽，他毫不留情面地批评刘白羽写了满纸的废话，空洞无物，根本没有阶级的观点。这让刘白羽既羞愧又痛苦，不过也提醒了他要用阶级的观点。

痛定思痛后，刘白羽又将《改造我们的学习》《整顿党的作风》《论共产党员的修养》等文章认认真真地学习了一遍，“保守”“反动”这样尖锐的字眼深深地扎在了刘白羽心里，让他寝食难安。经历了尖锐痛苦的思想斗争后，刘白羽终于认识到自己还是一个一只脚深陷在剥削阶级泥潭里的人，在这种内心反复反省、搏斗的过程中，他又写了第二稿、第三稿、第四稿，却一一被张如心驳退回来，每一次驳退，都是一次对心灵的打击，但刘白羽也在一次次的打击中逐渐醒悟过来，这次他必须痛下决心，彻头彻尾地解剖自己。他干脆从自己刚记事时写起，想起有次坐在院子里，把正洗衣服的女佣人的发髻一下子打得散落下来，他把这些都作为剥削阶级的恶行写下来，可是张如心还是不通过。当时刘白羽的思想斗争已经达到了极限，他一次又一次地克制怜悯自己的心情，向灵魂更深处的腐朽深挖下去，这真是一次鲜血淋淋的生死较量啊，为了洗去思想上的污垢，他连自己的骨头缝都掏干净了，可还是不行……万般无奈之下，刘白羽又去找了张如心。张如心住在山上的一个窑洞里，刘白羽看着高高的悬崖，突然感到很绝望，一刹那间，竟然闪过一个要从悬崖上跳下去的念头，还好理智最终战胜了那个念头，他不由得感叹道，一个原以为自己是正确的人要想彻底地批判、否定自己，尤其对于小资产阶级来说，这种否定的否定，批判的批判，是多么的不容易啊！在还没弄清思想之前，他一定不能轻易地结束自己的生命，推开张如心的家门，刘白羽竟看到张如心和颜悦色的笑容，他顿时热泪盈眶，张如心对他说，“我看这一回写得非常符合你自己的实际，同志！……什么是共产党？共产党是无产阶级的先锋队，你要做一个真正的共产党员，必须具有无产阶级的气质、思想、感情，你只有彻底而明亮的看清你自己，坚决同旧的自我决裂，才称得上是有一副无产阶级铁骨铮铮的新的自我……基本内容已可以通过了，不过有些语言不通顺，我希望你再写一遍。”[①] 最后，刘白羽的思想报告第五稿终于通过了。

张如心一次又一次地退回刘白羽的思想汇报并不是存心跟他过不去，而是要让刘白羽在一次次退回中不断反思自己，向更深处解剖自己，锤炼自己的党性。这个过程是痛苦的，是对小资产阶级思想残余的清除，也是对党性的千锤百炼；这个过程也是

① 《心灵的历程》（上册），解放军文艺出版社 2003 年版，第 623 页。

充满收获的，使党员们摆脱了小资产阶级的束缚，真正在思想上入党，也使党性在锤炼中更加坚定。

整风运动塑造了精神。整风运动是孕育产生延安精神的重要历史阶段，改造我们的学习在党内形成了良好的学风，形成了实事求是、理论联系实际的延安精神；向张思德等为人民服务的榜样学习，培养了全心全意为人民服务的延安精神；将南泥湾改造成“陕北好江南”的大生产运动，塑造了自力更生、艰苦奋斗的延安精神。

实事求是、理论联系实际的延安精神。改造我们的学习中最重要的，就是要形成实事求是、理论联系实际的学风，任弼时不仅把这股良好的学风用在学习上，还贯穿到他的工作中。任弼时是党内较早的“留苏派”，在莫斯科东方大学求学期间，他系统地学习了马克思、恩格斯、列宁的著作，和党内其他成员相比具有较为丰富的理论知识。但是，他回国后并没有骄傲自满，也没有像大多数“留苏派”一样只会教条地搬运原著，在整风学习期间，任弼时多次向党内成员强调在学习理论时，要用正确的态度对待马列原著，即实事求是、理论联系实际地学习和运用马列主义，同时，他还强调毛泽东等中央领导人的文章和讲话，是马克思主义理论和中国实际相结合的典范，是整风学习中的重点内容。不仅如此，任弼时还将实事求是、理论联系实际作为自己的工作作风。他认为调查研究就是实事求是、理论联系实际地学习和运用马克思主义理论，是将马克思主义理论具体化、中国化的工作方法。任弼时不仅要求党员同志们在工作中要注重开展调查研究，自己也常在工作之余利用打猎的机会，跑到陕北农民的山庄亲自开展调查研究，挨家挨户地询问每年的粮食产量和每个家庭的生活状况，切实地帮农民们想提高粮食产量的法子和保证生产的门路。

全心全意为人民服务的延安精神。“人固有一死，或重于泰山，或轻于鸿毛。”张思德是一名普通的共产党员和战士，他服从组织安排，甘心在烧炭的平凡岗位上忘我工作，直至光荣殉职。毛泽东曾在张思德的追悼会上给予他高度评价：“张思德同志是为人民利益而死的，他的死是比泰山还要重的。”[1] 在张思德短暂的一生中，不论在什么时候，他始终把党和人民的利益放在第一位，始终坚持全心全意为人民服务。党中央为了保证解放区军民的自给自足，开展了一次大生产运动。张思德积极响应号召，主动到安塞县石硖谷的生产农场担任副队长，负责为中央机关烧制冬天取暖的木炭。白天他巡回各窑，掌握火候，晚上他还要起来好几次，观察窑顶的烟色。窑里温度很高，但每次出炭，他都是抢先钻到窑的最里边拣那些还冒着火星的木炭，还不肯和别的同志换位置，手里包的破布着火了，他就用手弄熄后继续干。一天，张思德和战友小白决定再新挖几个窑，多烧些木炭。不料，挖到中午时，却突然出现了险情，窑顶掉下好几块大碎土，张思德眼疾手快，一把将小白推出了洞口。厚厚的窑顶瞬间塌下一片，把张思德埋在了下面。战士们和老百姓闻讯赶来，拼命刨土。最终小白得救了，但张思德却没能抢救过来。他牺牲时，才 29 岁。为了悼念张思德，毛泽东在追悼会上号召全党向为人民利益而牺牲的张思德同志致敬，学习张思德身上全心全意为人民服务的精神。

自力更生、艰苦奋斗的延安精神。抗日战争进入相持阶段后，由于日军的扫荡、国民党顽固派的封锁以及严重的自然灾害，各抗日根据地物资空前匮乏。陕甘宁边区土地贫瘠，农作物产量并不丰裕，养活当地 100 多万的老百姓本就勉勉强强，现在又要照顾来延安学习的几万干部、学生和军队，情况就更不乐观了。尤其是 1940 年后，解放区的生活就是没有衣穿，没有油吃，没有纸，没有菜，在冬天没有棉被来盖的境况，在毛主席的号召下，解放区开始了一系列的大生产运动，而南泥湾大生产运动是其中最著名、影响最为深远的一个。南泥湾一开始是一个荒草丛生的地方，没人想到日后的南泥湾，竟成了“陕北好江南”，这还多亏了朱德对南泥湾的考察，他发现荒草覆盖下的南泥湾是黑油油的土地后，提出了军垦屯田的想法，并让王震带领三五九旅开垦南泥湾。三五九旅刚到南泥湾时，这里没有住处，没有粮食，没有生产工

①《毛泽东选集》（第 3 卷），人民出版社 1991 年版，第 1004 页。

张思德烧木炭

具，只有遍地的荒草，战士们面对这样荒凉的地方怨声连连，有的还认为在陕北种地和参加保家卫国的战争相比，是一种退步。王震苦口婆心地劝慰战士们，积极动员每一个人参加开荒生产。没有住的地方，战士们就自己动手挖窑洞，没有生产工具，战士们就自己制造工具。他们不仅开垦荒地，还开展了劳动比赛，一些同志手上磨出了血泡，但仍干劲十足，从不抱怨。三五九旅在南泥湾大生产运动中取得了出色的成绩，他们用自己的双手把“烂泥湾”改造成了“陕北好江南”，他们的自力更生、艰苦奋斗精神在大生产运动中得到了广泛传颂，而且成为中国共产党人最宝贵的精神财富。

第四章

雨露明时花竞发

——马克思主义在中国大地的全面展开

随着整风运动的深入，把马克思主义与中国具体实际相结合的科学认识在全党取得了更大的共识。从 1938 年党的六届六中全会提出“马克思主义与我国相结合需一定民族形式才能实现”[①]，到 1940 年《新民主主义论》的发表，如何把马克思主义中国化以及如何系统地将马克思主义运用于中国的实践已经成为全党聚焦聚力的主要问题。随着中国共产党第七次全国代表大会的胜利召开，马克思主义在中国大地的广泛运用与系统展开，而产生的马克思主义中国化的第一个伟大成果——毛泽东思想，最终确立为党的指导思想，并成为指导中国革命、统一全党认识、坚定斗争方向的一面伟大旗帜。

一、独领风骚毛泽东

马克思主义中国化的历史过程，其实质就是用马克思主义理论解决中国革命具体问题的过程，就是把马克思主义同中国实际和中华优秀传统文化相结合的过程。中国共产党人也曾经历过教条主义的漫漫长夜，也曾经历过经验主义的风雨如磐，因此倍加珍惜这条在血与火中得出的宝贵真理。毛泽东作为中国共产党人的杰出代表、中国人民的伟大领袖，对马克思主义中国化的开创性作用作出了不可磨灭的功勋，系统准确、科学完整地回答“什么是马克思主义、怎样对待马克思主义”的这一基本问题。以其名字所命名的“毛泽东思想”作为实现了马克思主义中国化的第一次伟大飞跃，在理论的发展与实践的检验中真理的光芒不断放射出璀璨的华光。整风运动后，以毛泽东为核心的中国共产党人从如何认识世情与国情、新民主主义革命、武装斗争、解放农民、统一战线、文化建设、新民主主义共和国、党的建设等九个方面全面实践展开，丰富发展了马克思主义的内容。

在正确认识世情和国情方面，毛泽东有着突出的贡献。从第一次国共合作失败之前的一段时间开始，毛泽东就立足中国国情

①《毛泽东选集》（第 2 卷），人民出版社 1991 年版，第 534 页。

世情，运用马克思主义唯物史观和阶级分析法，分析了中国社会各阶级的基本情况和中国革命的敌人、动力和方向，并以此为依据提出了新民主主义革命的路线和一系列正确判断，引导新民主主义革命走向胜利。这方面代表性的主要著作有：《中国社会各阶级的分析》《湖南农民运动考察报告》《星星之火，可以燎原》《新民主主义论》《论联合政府》等。其基本特点较为鲜明地包括：一是正确认识中国社会各阶级，特别是资产阶级。他指出，中国的资产阶级包括两个部分：即依附于帝国主义的大资产阶级和民族资产阶级，民族资产阶级既有革命要求又有动摇性。无产阶级领导的统一战线要争取民族资产阶级参加，并且在特殊条件下也包括一部分大资产阶级在内，以求最大限度地孤立最主要的敌人。二是正确认识中国革命的主要形式。他指出，由于中国没有资产阶级民主，反动统治阶级凭借武装力量对人民实行独裁恐怖统治，革命只能以长期的武装斗争为主要形式。中国的武装斗争，是无产阶级领导的以农民为主体的革命战争，通过建立农村根据地，进行长期的革命斗争，发展和壮大革命力量。毛泽东指出："统一战线和武装斗争，是战胜敌人的两个基本武器。"[①]加上党自身的建设，就成为中国革命的三个主要法宝。这就使中国共产党成为全民族的领导核心，并且创造出一条以农村包围城市，最后夺取全国胜利的道路。新民主主义革命理论是毛泽东思想达到成熟的主要标志。

在作战环境下，毛泽东系统地解决了以农民为主要成分的革命军队如何建设成为一支无产阶级性质的，具有严格纪律的，同人民群众保持亲密联系的新型军队的问题。他规定了全心全意为人民服务是中国共产党的唯一宗旨，也是人民军队的根本宗旨和立场，规定了是党指挥枪而不是枪指挥党的原则，制定了三大纪律八项注意，强调实行政治、经济、军事三大民主，实行官兵一致、军民一致和瓦解敌军的原则，提出和总结了一套军队政治工作的方针和方法。在《中国革命战争的战略问题》《抗日游击战

①《毛泽东选集》（第2卷），人民出版社1991年版，第613页。

争的战略问题》《论持久战》《战争和战略问题》等军事著作中，毛泽东总结了中国长期革命战争的经验，系统地提出了建设人民军队的思想，提出了以人民军队为骨干，依靠广大人民群众，建立农村根据地，进行人民战争的思想。他为革命军队制定了一系列人民战争的战略战术，并在解放战争中总结出著名的十大军事原则。这些是毛泽东对马克思列宁主义的军事理论的极为杰出的贡献。这其中，还涉及党的政策和策略问题。毛泽东精辟地论证了革命斗争中政策和策略问题的极端重要性，指出政策和策略是党的生命，是革命政党一切实际行动的出发点和归宿，必须根据政治形势、阶级关系和实际情况及其变化制定党的政策，把原则性和灵活性结合起来。在对敌斗争和统一战线工作等方面，他提出了许多重要的政策和策略思想。毛泽东的这些政策和策略思想，表现在他的许多著作中，特别是集中表现在《目前抗日统一战线中的策略问题》《论政策》《关于目前党的政策中的几个重要问题》《帝国主义和一切反动派是不是真老虎的问题》等著作中。

除此之外，毛泽东还创造性地提出了关于思想政治工作和文化工作一系列重要思想内容和理论原则。毛泽东根据“一定的文化（当作观念形态的文化）是一定社会的政治和经济的反映，又给予伟大影响和作用于一定社会的政治和经济；而经济是基础，政治则是经济的集中表现”[①]这个基本观点，提出了许多具有长远意义的重要思想。如：关于思想政治工作是经济工作和其他一切工作的生命线，要实行政治和经济的统一、政治和技术的统一、又红又专的方针；关于发展民族的、科学的、大众的文化，实行百花齐放、百家争鸣、推陈出新、古为今用、洋为中用的方针；关于知识分子在革命和建设中具有重要作用，知识分子要同工农相结合，通过学习马克思列宁主义、学习社会和工作实践树立无产阶级世界观的思想，等等。毛泽东关于思想政治文化的许多著名的著作，包括《在延安文艺座谈会上的讲话》《纪念白求恩》《为人民服务》《愚公移山》等。

①《毛泽东选集》（第2卷），人民出版社1991年版，第663页。

同时，他本人还发挥传播优势，注意从文化角度推动马克思主义中国化的发展。他不仅在认识论的高度上做到了将中国国情与马克思主义基本原理有的放矢地结合起来，更是在理论的传播维度推动了马克思主义本土化、大众化。毛泽东本人善于将马克思主义与中国传统文化的表达相结合，使马克思主义拥有理论亲和力，能在人民群众和党内散发理论“香”味。如“活的灵魂”“三大法宝”等提法都使马克思主义理论在中国化中更为灵动鲜活。

更为重要的是，毛泽东还非常重视党的建设，高度重视从锻造党的角度推进中国革命发展。他认为，无产阶级人数很少而战斗力很强，农民和其他小资产阶级占人口大多数的国家，建设一个具有广大群众性的、马克思主义的无产阶级政党，是极其艰巨的任务。毛泽东的建党学说成功地解决了这个问题。毛泽东特别注重从思想上建党，提出党员不但要在组织上入党，而且要在思想上入党，经常注意以无产阶级思想改造和克服各种非无产阶级思想。他指出，理论和实践相结合的作风，和人民群众紧密地联系在一起的作风以及自我批评的作风，是中国共产党区别于其他任何政党的显著标志，也就是我们党后来形成的“三大优良作风”。

三大优良作风是毛泽东 1945 年在党的“七大”政治报告中第一次明确提出来的。毛泽东指出：“以马克思列宁主义的理论思想武装起来的中国共产党，在中国人民中产生了新的工作作风，这主要的就是理论和实践相结合的作风，和人民群众紧密地联系在一起的作风以及自我批评的作风。”[①]

所谓理论联系实际的作风，就是把马克思主义的基本原理同中国革命、建设和改革的具体实际相结合，一切从实际出发，实事求是的作风。理论联系实际的作风，是我们党的思想路线的基本内容，是党具有旺盛创造力的关键所在，是我们党的胜利之本。坚持理论和实际相结合，由此制定和执行正确的路线、方针、政

①《毛泽东选集》（第 3 卷），人民出版社 1991 年版，第 1093—1094 页。

策，是我们党领导革命、建设和改革的基本经验。大力弘扬这一作风，就必须联系实际刻苦学习，做到理论与实际、学习与运用、言论与行动相统一，创造性地开展工作。

所谓密切联系群众的作风，就是一切为了群众，一切依靠群众，从群众中来，到群众中去。它是我们党的优良作风和政治优势，是党的群众路线，是我们战胜敌人、克服困难的法宝。大力弘扬这一作风，就必须始终不渝地贯彻党的群众路线，广泛深入地动员和组织群众，把党的方针政策落到实处，坚定不移地维护好、实现好和发展好最广大人民的根本利益。

所谓批评与自我批评的作风，是指开展积极的思想斗争，坚持真理，修正错误。它是解决党内矛盾和人民内部矛盾的基本方法，是保持党的纯洁性和提高党的战斗力的有力武器，是我们取得革命、建设和改革胜利的可靠保证。大力弘扬这一作风，就必须坚持“团结——批评——团结”的原则，采取“惩前毖后、治病救人”的方针，从团结的愿望出发，经过批评与自我批评，使矛盾得到解决，从而在新的基础上达到新的团结。

三大作风是无产阶级世界观即辩证唯物主义和历史唯物主义在党内生活和党的工作实践中的具体体现，是中国共产党区别于任何其他政党的显著标志，同时更是让马克思主义在中国大地上“香”起来的重要工作方针。

除此之外，针对历史上党内斗争中存在过的“残酷斗争、无情打击”的“左”的错误，他提出“惩前毖后、治病救人”的正确方针，在此基础上创造了在全党通过批评与自我批评进行马克思列宁主义思想教育的自我革命形式。新中国成立前夕和新中国成立以后，鉴于我们党成为领导全国政权的党，毛泽东多次提出务必使同志们继续保持谦虚谨慎、戒骄戒躁、艰苦奋斗的作风，警惕资产阶级思想的侵蚀，反对脱离群众的官僚主义。这些重要思想，丰富了马克思主义建党理论，为中国共产党的建设指明了正确方向。

二、毛泽东与毛泽东思想对马克思主义中国化的卓越贡献

正如刘少奇在《关于修改党的章程的报告》中所指出的，毛泽东同志是在中国革命大风大浪中成长起来的人民领袖，是中国革命事业的领路人、掌舵人；毛泽东思想既是从属于马克思列宁主义思想体系的，又是具有中国话语特色、中国理论气派、中国民族风格的理论；“毛泽东道路”是指引中华民族走向光明、中国人民实现解放的唯一正确道路[①]。毛泽东及用其名字命名的“毛泽东思想”为马克思主义中国化的不断胜利向前发展发挥了巨大的作用，作出了卓越的贡献。

毛泽东从方法论的层面科学提出了什么是马克思主义、中国需要什么样的马克思主义，以及如何对待马克思主义的一系列基本问题，在深层次和基础性上阐明了马克思主义中国化的一系列理论原则与实践主张。毛泽东曾形象地指出：“我们历史上的马克思主义有很多种，有香的马克思主义，有臭的马克思主义，有活的马克思主义，有死的马克思主义，把这些马克思主义堆在一起就多得很。我们所要的是香的马克思主义，不是臭的马克思主义；是活的马克思主义，不是死的马克思主义”[②]毛泽东始终强调，既要坚持马克思主义的基本原理和普遍真理，又要能够结合中国的实际加以创造、加以转化，并且用人民群众喜闻乐见的方式表达出来，从而武装头脑、教育群众。因此毛泽东特别强调实事求是的重要性，从认识论的高度对实事求是的思想路线作出了说明。正如刘少奇在阐释毛泽东思想的时候所归纳的，毛泽东所创立的中国化了的马克思主义，作为在中国大地上活生生解决中国革命具体问题的正确指导思想，与马克思主义理论是继承与

①《刘少奇选集》（上卷），人民出版社1981年版，第319页。

②《毛泽东在七大的报告和讲话集》，第136页。

发展、总店与分店、先生与学生的关系[①]。

毛泽东是在不断地笔耕不辍、勤奋写作中系统总结、科学提炼马克思主义中国化的基本经验与理论成果，凸显着灵活运用马克思主义的光辉典范、丰富发展着马克思主义的理论体系。刘少奇曾将毛泽东的思想归纳为九个方面，涉及对世情与国情、新民主主义革命、武装斗争、解放农民、统一战线、文化建设、新民主主义共和国、党的建设等。实际上这一较为完整清晰准确的归纳，正是建立在对毛泽东的各种著作和党的文献的熟悉和学习的基础上的。毛泽东在逐渐通过多元化完善自己思想体系的过程也是党内其他同志通过多元化载体学习接受发展这一思想体系的过程。因此，毛泽东以其大量的文字作品，包括理论文章、政治论要、演讲讲话乃至古典诗词等作为马克思主义中国化的文字载体和著述成果，为全党上下达成理论共识提供了重要的认识素材和学习范本，也为马克思主义大众化的发展发挥了重要作用。

毛泽东在与各种错误认识、错误思潮、错误路线和错误实践主张的斗争中不断推进马克思主义中国化。马克思主义中国化的过程，是“和国内国外各种敌人进行革命的斗争”的过程，也是“和党内各种错误”的斗争的过程。马克思主义中国化的真理与理论成果更是从“无数次的千百万人民的剧烈斗争中反复考验过来”[②]的。任何思想理论的形成必然遇到各种噪声杂音的干扰，马克思主义中国化及其理论成果的产生也不例外。正是一批以毛泽东为代表的中国共产党人在反对教条主义、主观主义、宗派主义、经验主义、盲动主义等一系列错误认识和思想路线的过程中坚定信仰、运用理论、发展理论、创造理论，并最终浇灌出思想的果实。

概述之，毛泽东灵活地将辩证唯物主义和历史唯物主义运用于无产阶级政党的全部工作，把对中国革命和实际的正确认识与马克思主义科学理论相结合，在中国革命的长期艰苦斗争中形成了具有中国特色的立场、观点和方法，丰富和发展了马克思列宁

①《刘少奇选集》（上卷），人民出版社 1981 年版，第 335 页。

②《刘少奇选集》（上卷），人民出版社 1981 年版，第 334 页。

主义，指引着中国革命从危难走向胜利、中国共产党从弱小走向强大。

实事求是是毛泽东创造性地用中国古代典籍中的词汇对马克思主义认识论的生动表达，凝结着中国共产党人在马克思主义中国化过程中从中国实际和文化传统出发而对马克思主义在中国的运用的具体思考。艰苦奋斗的创业精神则是中国共产党人推动马克思主义理论创新过程中的显著品格。从之前我们的描述可以看出，马克思主义中国化的历史过程并不是一帆风顺的，是要以巨大的理论勇气和政治勇气突破教条主义的束缚、突破经验主义的限制、突破主观偏见的约束。这本身就是在理论上不断永攀高峰，走前人所未走之路，干前人所未竟之事业的过程。因此这个过程不仅仅是用艰苦奋斗来实现对现实生活的改造，同时也是以顽强意志和不懈奋斗在理论发展与理论创造的园地里苦心耕耘、筚路蓝缕以启山林的过程。

今天，毛泽东虽然已经离我们远去，但是毛泽东的精神遗产——毛泽东思想却依然具有强大的指导意义。在毛泽东思想武装下成长起来的两代人，已经成为今天社会主义现代化建设的中坚力量。同时更加宝贵的是，在毛泽东思想指引下的中国共产党人用深刻的理论和不屈的意志涵养出伟大的延安精神。延安精神作为中国共产党人革命精神谱系中最具有代表性和象征性的伟大革命精神，内涵丰富、意义重大。具体包括自力更生、艰苦奋斗的创业精神，全心全意为人民服务的精神，理论联系实际、不断开拓创新的精神，实事求是的思想路线，等等。因此，延安精神既是精神层面的境界追求与价值信仰的高度统一，又是理论层面世界观与方法论的高度统一。

其实我们今天回头来看，为什么中国共产党人的这条路走得如此之艰难，或者我们更往前追问，为什么共产党人会走上这样一条“自找苦吃”的道路。其实答案就蕴含在党的初心使命里。中国共产党成立之初，就是一个为人民谋幸福、全心全意为人民服务的党。党之所以能够在理论创新的道路上不断前行，通过理论的突破来实现实践的发展，通过认识的提升来推动革命事业的前进。因此马克思主义中国化的曲折过程，其实也是党推动理论创新的过程，更是党通过艰难的理论创新来不断满足人民群众需要的过程。正如马克思所说，理论只有深刻才能掌握群众，而群众掌握了理论就能够使理论成为强大的武器而具有摧枯拉朽的力量。这种深刻性一方面体现在对现实的把握，另一方面体现在对群众关注利益的表达。所以延安精神中所包含的全心全意为人民服务的根本宗旨，其实就是党在理论探索与实践推动、应运而生与艰难发展过程中精神品质与价值追求的高度概括与情感表达。

三、延安精神光照千古

在马克思主义中国化的历史进程中，中国共产党人涵养出了光照千古的延安精神。延安精神是以毛泽东同志为代表的第一代中国共产党人在艰苦卓绝的革命斗争中用鲜血铸就的伟大精神，是中国共产党人的重要精神资源和思想给养。

延安精神以坚定不移的政治信念为基础，以实事求是的思想路线为精髓，以始终保持党同人民群众的血肉联系为基本内涵，以自力更生、艰苦奋斗的不屈意志为重要表现形式，是历久弥新、超越特殊历史阶段而具有永恒价值的共产党人精神品质的集中体现。因此，无论是在风雨如磐的战争年代，还是在凯歌高奏的建设时期，延安精神总是能够焕发出熠熠光辉，成为中国共产党人战胜困难、奋勇向前，不断从胜利走向新胜利的强大精神支撑和精神动力。正如习近平总书记曾强调的：“延安精神是中华民族优良传统的继承和发展，是我们党的性质和宗旨的集中体现。弘扬延安精神，对于推进中国特色社会主义事业、实现中华民族伟大复兴具有重要意义。”

抚今追昔、以史鉴今，今天我们重温马克思主义中国化的延安岁月，一方面要感受中国共产党人推进马克思主义与中国实际相结合的艰难历程和辉煌成就，同时也要在这个时期这些伟大的革命者、义无反顾的牺牲者、一心为民的拯救者所具有的高尚风骨和高贵品质，同时更要从他们的精神中找到今天可供我们借鉴的精神财富与思想力量。延安精神作为中国共产党人革命精神传统的外化体现和思想文化资源的重要组成部分，凝聚着几代中国共产党人的心血，彰显了几代中国共产党人的言行，在今天依然闪烁着耀眼的光芒，指引着我们前进的方向。

以史鉴今，今天我们弘扬延安精神，就是要以坚定不移的政治信念保持战略定力，不忘自己的初心、牢记自己的使命。中国共产党人的伟大事业，是将民族复兴与人类解放这两大历史进程紧密结合在一起的，是经历若干个社会发展阶段而最终实现人的自由而全面发展的历史进程。因此是最低纲领和最高纲领的统一，是立足现实与展望未来的统一，是脚踏实地不懈奋斗和初心使命一往无前的统一。这是中国共产党人的政治信念，也是中国共产党人在应对不同斗争环境、解决诸多问题所应当具备的战略定力。当前新的斗争，情况复杂、形势多变，需要付出更多的智慧和精力，需要具备更加高超的战略思维和斗争艺术。因此，只有坚定了共产主义的理想信念、夯实了共产党人的政治信仰，才能够稳住阵脚、运筹帷幄，也才能够抓住主线、把握主题、保持主基调、弘扬主旋律。这是中国共产党人的初心，更是进行新的伟大斗争的信心、决心和雄心。

以史鉴今，今天我们弘扬延安精神，就是要坚持实事求是的思想路线而正视矛盾、理解现实，在辩证思维中把握社会主义革命、建设和改革的一般规律，实现经济社会和人的全面发展。延安时期，实事求是的思想路线成为全党共识，并指导中国共产党牢牢抓住革命发展的基本特征和中国社会发展的现实基础，在争取新民主主义革命伟大胜利的同时也实现了马克思主义中国化的历史性飞跃。我们今天也要深刻认识中国社会发展的客观现实与矛盾问题，要看到当前社会主义建设所必须着力解决的突破口和重点环节，要敢于正视经济社会发展中的关键问题和深化改革中的核心内容，敢啃硬骨头、敢用硬办法，着力解决人与社会（利益分配）、人与自然（环境保护）、人与自我（身心和谐）、人与人（道德文明）等主要矛盾和重点问题，在化解矛盾的基础上实现新的发展，在解决问题的过程中推动社会的进步。

以史鉴今，今天我们弘扬延安精神，就是要始终保持党同人民群众的血肉联系，夯实中国共产党执政和社会主义建设的基础。人民是历史的主体，“是历史的创造者，是真正的英雄”。所以，人民也是推动社会发展的主力军，是进行伟大斗争的根本力量。中国共产党100年的历史发展证明，只有依靠人民群众，才能战胜各种艰难险阻，打败任何敌人，解决一切问题。因此，无论何时何地，我们依然要依靠人民群众的力量，把以人民为中心的思想灌注到大政方针的制定过程中，贯穿到经济政治文化和社会制度发展的各个环节中，贯穿到社会历史发展的各个阶段中。这样，才能让人民群众在斗争中激发出参与的热情，具有理论的自觉、实践的首创，在社会发展与人民发展的双向互动中实现国家富强、民族振兴与人民幸福。

以史鉴今，今天我们弘扬延安精神，就是要大力弘扬自力更生、艰苦奋斗的革命精神传统，保持中国共产党人的政治本色，将事业的发展与人的发展，将实现社会革命与推动中国共产党的自我革命统一起来，滋养初心、淬炼“灵魂”，使党性的锻造通过实践的过程和精神的彰显而更加精纯，使中国共产党的伟大事业更加勇往直前。自力更生、艰苦创业是中国共产党人政治追求、理想信念和价值立场的外化，是通过精神修养和意志品质表现出来的政治本色。要实现伟大斗争的胜利，一方面必须充分发挥中国共产党这一领导力量的战斗力。能力知识不足无法形成战斗力，消极腐败堕落更无法形成战斗力。因此必须在弘扬自力更生、艰苦奋斗的优良传统中通过思想、认识、制度等一系列的自我净化与自我完善来凝聚战斗力，发挥战斗力。同时，党还必须领导人民群众积极行动起来。而广大人民群众对中国共产党的拥护与支持，一是要看党是否能够真正代表最广大人民的根本利益，二是要看党是否真的能够风清气正、廉洁自律，与人民在一起，扎根于人民中。因此，自力更生、艰苦奋斗的革命精神传统，也是掌握人民群众，带动人民群众，发挥人民群众的强大精神武器和意志力量。

巍巍宝塔山，滚滚延河水；吃起小米饭，唱起南泥湾。延安的岁月让人神往，延安的遗产至今珍贵。这不仅仅是马克思主义中国化的一段光辉岁月，更是中国共产党人理论成果丰硕、精神旗帜高擎的一个时期。伴随着中国共产党人在各个领域对马克思主义中国化的深刻运用，伴随着中国共产党人革命精神谱系重大书写，毛泽东思想的旗帜已经树立起来，马克思主义中国化的第一次飞跃也即将完成。

第五章

中国共产党第七次全国代表大会的胜利召开

——高举毛泽东思想的伟大旗帜

党的第七次全国代表大会，距离1928年召开的中国共产党第六次全国代表大会已过去了17年，是中国共产党历史上间隔时间最长的一次全国代表大会。党的第七次全国代表大会被一再推迟召开，主要原因在于：长期处于严酷的战争环境，中国共产党集中全力对付国民党顽固派的进攻和组织领导抗日战争，没有时间与精力去筹备大规模的全国性会议；其次，频繁的战事造成交通不便，一些城市和交通要道还被日寇和国民党军队占领，这就对分散在全国各地的代表去延安参会造成不便；加之，党内许多高级干部长期战斗在第一线，集中起来比较困难。

早在1931年中共六届四中全会上通过的决议案，就提出了要召集党的第七次全国代表大会，并委托新的政治局着手进行必要的准备工作。但由于党中央和红军忙于粉碎国民党的第五次“围剿”并进行二万五千里长征，导致无暇顾及党的七大的筹备事宜。

七大会址：延安杨家岭中央大礼堂

1937 年 12 月，中共中央政治局会议审议通过了《中央政治局关于召集第七次全国代表大会的决议》，决定“最近时期内”召集党的七大，并提出了七大的主要议事日程。1938 年 1 月 20 日，中共中央第七次代表大会准备委员会给各地方党组织发出通知，要求各地方党组织立即进行召开党的七大的准备工作。同年 4 月，任弼时代表中共中央向共产国际报告，希望共产国际对第七次全国代表大会给以指示，并派代表与会指导。9 月，中共六届六中全会作出了《关于召集第七次全国代表大会的决议》，批准了 1937 年 12 月会议关于召集第七次全国代表大会的决议，同意了准备委员会向全会提出的报告，决定了七大代表为 350 人。各地选出了出席七大的代表，1940 年部分代表陆续抵达延安。但由于战争环境的恶化，代表人员不能到齐，会议具体日期未定。代表们有的进党校学习，有的暂时分配了工作，党的七大被推迟召开。之后，党中央又提出在 1942 年召开党的七大，但由于日军对敌后抗日根据地的“扫荡”和国民党顽固派的军事包围和经济封锁，陕甘宁地区出现了严重困难，再加上，全党正在开展的整风运动和大生产运动，党的七大又一次被推迟。1943 年 8 月 1 日，中共中央政治局发出《关于七大代表赴延出席大会的指示》，决定在同年年底召开党的七大，后因日本侵略者对各解放区的频繁“扫荡”，党的七大再次被延期。1944 年 5 月 21 日至 1945 年 4 月 20 日召开的中共六届七中全会，正式决定了党的七大召开的日期和议程。

在德国法西斯彻底覆灭和中国抗日战争胜利前夕，1945 年 4 月 23 日，中国共产党第七次全国代表大会在延安杨家岭中央大礼堂隆重召开。此次会议总结了中国新民主主义革命 20 多年曲折发展的历史经验，制定了正确的路线、纲领和策略，确立了以马克思列宁主义同中国革命实践之统一的思想——毛泽东思想为党的指导思想。党的七大为全党树立起毛泽东思想这面公开的旗帜，这对于统一全党的思想认识，使全党在马克思列宁主义、毛泽东思想基础上达到空前团结，为党领导人民争取抗日战争的最后胜利和新民主主义革命在全国的胜利奠定了重要基础。

一、党的七大在延安宝塔山下隆重召开

1945 年 4 月 23 日，中国共产党第七次全国代表大会在延安宝塔山下杨家岭中央大礼堂隆重召开。大会整整开了 50 天，出席会议的代表有 547 人，候补代表 208 人，总共 755 人。这些代表分别来自中直、西北、晋绥、晋察冀、晋冀鲁豫、山东、华中和大后方八个代表团，代表着全党 121 万党员。鲜为人知的是，出席此次会议的代表都是历尽艰辛才到达延安的。

在烽火连天的战争年代，代表们去延安的路程可谓艰难曲折，困难重重，险象环生，甚至是冒着生命危险。代表们大都来自沦陷区或抗日民主根据地，要通过敌人的封锁区，交通往来极为不便，有的骑马，更多的是步行。因为路途遥远，环境险恶，有的代表要化装成商人、小贩或乞丐，提前几年出发，靠一双脚板昼夜兼程；有的代表是由游击队护送着抵达延安的，有的则是通过伪军的关系护送去的；有的代表是从国外辗转到达延安的；有的代表在路上遇到敌人袭击身负重伤，甚至牺牲在奔赴延安的途中。正是基于对共产党的无比忠诚，对延安革命圣地的强烈向往，代表们虽历经艰险但最终齐聚宝塔山下。

刘少奇历经 11 个多月，辗转山东，最后奔赴延安。1942 年 1 月 13 日，中共中央通知在华中局主持工作的刘少奇回延安参加党的七大筹备。当时，华中局的同志想要挽留刘少奇，中共中央没有同意华中局的要求，坚持要刘少奇返回延安，并让他顺道去山东抗日根据地解决问题。经过几个月的准备，3 月 19 日，刘少奇带领 100 多名干部，在八路军第一一五师一个团的护送下，从苏北阜宁单家港出发，穿越日伪军严密封锁的陇海路，于 3 月底到达山东抗日根据地。刘少奇在山东期间，顺利解决了山东抗日根据地军政领导人之间的团结问题。7 月下旬，刘少奇离开山东抗日根据地，踏上去延安的征程。为了减少目标，隐蔽行动，

原准备同刘少奇一起赴延安的华中干部没有随行，刘少奇只带了几名工作人员和警卫班十几人继续前往延安。在途中，刘少奇曾化装成商人，在地下工作者的精心安排下，搞了一张通行证，通过伪军关系乘坐小汽车，在白天顺利地通过了平汉铁路，其他人则穿便衣随后。沿着平汉铁路，敌人挖有数道深宽各丈余的封锁沟，每隔几百米就筑有一座碉堡，由日军把守。动身前，刘少奇让随行的同志每人准备一盒火柴和几元钱，以防万一被敌人打散，立即把文件烧掉。他们途经山东、冀鲁豫、冀中、晋绥等，历时 9 个月，穿越敌人 103 道封锁线，于 12 月 30 日安全抵达延安。总结这次远征时，刘少奇曾幽默地说：我们也等于进行了一次二万五千里长征，一路上大家吃尽了千辛万苦。

南方各省的七大代表们，不远万里，历尽艰辛，奔赴革命圣地。1939 年 11 月，香港党组织选出的七大代表有钟明等 5 人，与广东省委选出的七大代表古大存等会合，组成广东代表团。随后，广东代表团转移到中共中央东南局驻地丁家山，与浙江、广西、湖南、江西、福建、上海、闽粤边、苏南等 9 个地区参加党的七大的代表们会合，共 41 人。为保密起见，东南局规定这支由代表组成的队伍对外称“服务团”，指定古大存为团长。当行至离大汶口不远的一个村子时，“服务团”遭到了伪军的袭击。这天一早，钟明发现敌人的炮弹已打到隔壁院子里。在行军路上，钟明负责医疗工作，并分配了一个卫生员随他保管药品。这些药品是地下工作者冒着生命危险从敌占区城市采购的，钟明把它看成是自己的命根子。发现敌情后，他立即找到卫生员一起收拾好药箱。但是，当他们冲到村口时发现，村口已被敌人的机枪封锁了，钟明和卫生员只好往回走。在返回路上，他们又碰到一位掉队的同志。和队伍失散后，钟明等 3 人并没有惊慌，他们机智地翻越后墙，躲入玉米地里，后来在群众的帮助下找到了游击队。当天晚上，在游击队的护送下，回到了“服务团”。钟明等人安全归队，使同志们惊喜万分，激动得互相拥抱，热泪直流。原来，大家都以为钟明等在敌人袭击时牺牲了。古大存更是心情沉重，还准备打电报向党中央报告，接受处分。

徐向前是 1939 年 9 月由山东经八路军总部去延安。总部派了两个团护送，并让“服务团”和徐向前同行。在从八路军总部到延安的途中，“服务团”连闯 5 道封锁线，有时一个晚上要行军 70 多公里。12 月 26 日下午，经过艰苦跋涉的南方各省参加七大的代表，终于到达延安，41 人无一人减员。其中，广东代表从 1939 年 12 月底算起，整整历时一年，跨越 11 个省，行程万余里。当他们抵达延安时，受到中央领导同志的欢迎和接见，被毛泽东誉为一次艰苦的“小长征”。

离陕北根据地较近的晋察冀的代表们，历经危险，奔赴延安。一天晚上，代表们沿着山路走，日军发现了他们，在山顶上疯狂地向他们射击。他们紧急从山路上撤下来，从山沟里突围。由于敌人不知虚实，没敢追击，否则后果不堪设想。但这场战斗也使晋察冀的七大代表损失较大，有的代表牺牲，有的代表受伤，有的代表被俘。天亮后，幸存的代表们才陆续突围出来。最后，又经历几次险境，经过两个多月的艰难跋涉，晋察冀边区的七大代表于 1940 年 6 月底到达延安。

新四军和皖南地区的代表们遭遇最为惨烈。他们一行 24 人，在到达安徽无为时，被国民党扣押起来，最后全部被杀害，没能到达延安。

1945 年 4 月，出席七大的代表们已经陆陆续续从全国各地汇集到宝塔山下，迎接党的第七次全国代表大会召开。

4 月 23 日这一天，延安杨家岭中央大礼堂隆重肃穆，党的第七次全国代表大会开幕式在此举行。会场简朴而庄重，在大会主席台正中悬挂着毛泽东和朱德的巨幅画像，鲜艳的党旗斜立在两边，两边各插 3 面，共 6 面党旗。礼堂两边的墙壁上挂着马克思、恩格斯、列宁和斯大林的画像。在主席台正上方的石拱上张贴着引人注目的 12 个大字：“在毛泽东的旗帜下胜利前进”，下面的红色横幅上写着“中国共产党第七次全国代表大会”。大礼堂后墙上挂着毛泽东题写的“同心同德”4 个大字，与石拱上的大字交相辉映。礼堂两边的墙上挂有 6 个“V”字形的旗座，是英文“victory”（胜利）的第一个字母，象征着革命即将取得胜利。每个“V”字形旗座上插着 4 面红旗，共有 24 面红旗，象征着中国共产党走过的 24 个春秋。每个旗座上还钉有标语，上面写着“坚持真理，修正错误”等大字。

下午 5 点钟，中国共产党第七次全国代表大会隆重开幕。当毛泽东、朱德、刘少奇、周恩来、任弼时等人走上主席台，全体代表起立，热烈鼓掌。在庄严的《国际歌》中，大会秘书长任弼时宣布中国共产党第七次全国代表大会开幕，毛泽东致《两个中国之命运》的开幕词。他讲到“在中国人民面前摆着两条道路，光明的路和黑暗的路；有两种中国之命运，光明的中国之命运和黑暗的中国之命运。”开幕式在全体代表高唱《国际歌》声中结束。

4 月 24 日，大会印发了毛泽东《论联合政府》的政治报告，毛泽东就这一报告作长篇发言。他着重分析了当前的国际国内形势，科学总结了抗战中的两条路线，全面阐明了中国共产党的政策，并阐述了关于党的建设的几个问题。此外，他还就报告中的一些问题作了口头发言。据统计，毛泽东在七大期间的讲话和报告有 7 次之多，分别是：4 月 23 日致开幕词《两个中国之命运》，4 月 24 日在提交《论联合政府》书面政治报告时作口头政治报告，5 月 24 日作《第七届中央委员会的选举方针》，5 月 31 日作《在中国共产党第七次全国代表大会上的结论》，6 月 10 日作《关于第七届候补中央委员会选举问题》，6 月 11 日致七大闭幕词《愚公移山》。这是毛泽东在党代会上作报告和讲话最多的一次。

此后，朱德在党的七大上作《论解放区战场》的军事报告，刘少奇作《关于修改党章的报告》，周恩来作《论统一战线》的报告。

与以往的党代会不同，党的七大是中国共产党第一次独立举办的大会，有关大会的一切重要问题完全由中国共产党自主决定，没有共产国际的指导、帮助甚至包办（1943 年共产国际已经解散）。大会在宽松融洽的气氛中进行，代表们充分发扬民主，对

1

2

1_
毛泽东在七大作《论联合政府》的政治报告
2_
中国共产党第七次全国代表大会会场

报告进行认真深入的讨论，一致通过了关于政治、军事、组织方面的报告，通过了政治决议案、军事决议案和新的党章。由于代表们发言十分踊跃，大会发言人数大大突破了原定人数，陈云、彭德怀、张闻天、李富春、陈毅、叶剑英、杨尚昆、刘伯承、彭真、聂荣臻、陆定一、乌兰夫、博古、高岗等先后在会上发言，他们的发言受到与会代表的热烈欢迎。因此，党的七大原定会期被调整，延长了会议时间，日程安排也随之延长。

历时 50 天，党的七大于 6 月 11 日闭幕。闭幕式上，毛泽东致闭幕词《愚公移山》，号召全党和全国人民以愚公移山的革命精神，搬掉压在中国人民头上的三座大山。在雄壮的《国际歌》声中，大会执行主席彭德怀宣布：中国共产党第七次全国代表大会胜利闭幕。会场响起经久不息的掌声，代表们都非常振奋地站在那里，不愿离去。

二、党的七大系统阐述毛泽东思想的科学体系

随着马克思列宁主义的中国化的提出和中国化的马克思列宁主义的形成，共产党的理论工作者及相关负责同志把毛泽东总结出的中国化的马克思列宁主义理论概括为“毛泽东同志的思想”“毛泽东同志的思想体系”“毛泽东主义”“毛泽东思想”等，试图为马克思主义中国化的理论成果找到一个科学的具有说服力的名字。党的七大正式将中国共产党 20 多年理论探索的成果确定为“毛泽东思想”，并把它确立为党的指导思想写入党章。

“毛泽东思想”作为一个科学概念被提出，经过了一个较长时期的酝酿过程，到 1943 年前后被明确提出，并逐步得到党内同志的接受和一致认同。党的七大，正式将中国共产党运用马克思主义基本原理分析解决中国革命实际问题所形成的理论成果确定为“毛泽东思想”，并系统完整地阐述了“毛泽东思想”的科学内涵与体系。

1941 年 3 月，延安的理论工作者张如心最先使用了“毛泽东

同志的思想”这一提法。认为毛泽东同志的言论、著作是马列主义理论与中国革命实践结合典型的结晶体，强调共产党教育人才，“应该是忠实于列宁、斯大林的思想，忠实于毛泽东同志的思想。”1942 年 2 月 18 日，《解放日报》发表题为《学习和掌握毛泽东的理论和策略》的文章，进一步阐述这一概念，提出“毛泽东同志的理论就是中国的马克思列宁主义”。1942 年 7 月 1 日，邓拓在《晋察冀日报》发表文章并指出：“中国共产党所以能够领导二十世纪中国民族解放与社会解放的伟大革命斗争，所以能够成为政治上、组织上、思想上全面巩固的广大群众性的坚强有力的布尔什维克党，就因为有了毛泽东主义”，强调全党要“深入学习掌握毛泽东主义，真正灵活地把毛泽东主义的理论与策略，应用到一时一地的每一个具体问题中去”。至此，提出“毛泽东主义”的提法。

1943 年 7 月 8 日，中共中央宣传委员会副书记王稼祥发表《中国共产党与中国民族解放的道路——纪念共产党二十二周年和抗战六周年》一文，首次明确使用“毛泽东思想”的概念。他写道：“中国民族解放过程中——过去现在与未来——的正确道路就是毛泽东同志的思想，就是毛泽东同志在其著作中与实践中所指出的道路。”他在文中详尽分析和阐述了毛泽东思想产生的历史条件，认为毛泽东思想是在与国内国外敌人的斗争中，在与共产党内部错误思想的斗争中生长、发展与成熟起来的，是创造的马克思列宁主义，是马克思列宁主义在中国的发展，是中国的共产主义，中国的布尔什维主义，是引导中国民族解放和中国共产主义到胜利前途的保证。

1943 年 7 月 6 日，中共中央书记处书记刘少奇为纪念中国共产党成立二十二周年发表《清算党内的孟什维主义思想》一文，他提出“应该用毛泽东同志的思想来武装自己，并以毛泽东同志的思想体系去清算党内的孟什维主义思想”。在这里，他使用了“毛泽东同志的思想”和“毛泽东同志的思想体系”。

1943 年 8 月 2 日，中共中央南方局书记周恩来在延安举行的欢迎会上发表重要讲话。他讲到，毛泽东同志的意见，是贯穿着整个党的历史时期，发展成为一条马列主义中国化，也就是中国共产主义的路线！

1943 年 12 月 4 日，中共中央北方局代理书记邓小平在北方局党校整风运动会上，使用了“中国化的马列主义即毛泽东思想”的表述，指出“把党的事业完全放在中国化的马列主义，即毛泽东思想的指导之下”，而且明确提出中国共产党及其中央是以毛泽东思想为指导的，强调“整风就是把全党从思想上、政治上、组织上统一在中国布尔什维主义——毛泽东思想下”。

1944 年 4 月，中共中央华中局代理书记饶漱石在师以上干部参加的整风会议总结中提出，中国共产党应以毛泽东思想为思想，来建设党。

1944 年 7 月，中共中央山东分局书记罗荣桓为纪念党的 23 周年而写的《学习毛泽东的思想》一文中指出：“毛泽东同志的思想是从马克思列宁主义的普遍真理与中国革命具体实践日益相互结合上发展起来，继承了中国革命百年来的历史传统而民族化了的思想”，已经成为全党所公认的思想，代表着党的正确方向，马列主义的方向。

从中共中央及其各分局负责同志的文章、讲话中可以看出，“毛泽东思想”在党的七大正式提出之前，党内已经有较长时间的酝酿，逐步为党内许多同志所接受，也愈来愈多地使用，这些提法的内容实际上是相同的。在相当一段时间里，“毛泽东思想”和“毛泽东同志的思想”同时并用，直到党的七大。

党的七大正式将中国共产党 20 多年来理论探索的成果确定为“毛泽东思想”，并对其进行科学概括和系统阐述。1944 年 2 月 24 日，中共中央书记处会议讨论七大准备工作时决定：拟由刘少奇作组织问题（包括党章）报告，毛泽东作政治报告、朱德作军事问题（包括政工）报告。党的七大的三大报告，在这里已初步确定。

1944 年 5 月 10 日，中央书记处召开会议决定：立即着手进行各方面的准备，组织各个报告的准备委员会，并确定各个报告准备委员会成员。5 月 21 日，六届七中全会第一次会议上宣布各个委员会的组成：组织问题报告及党章问题委员会由刘少奇、周恩来、彭真、高岗、谭政、王若飞组成，刘少奇负责召集。原组织问题报告委员会，改为组织问题报告及党章问题委员会。

刘少奇负责起草的《关于修改党章的报告》经过了集体研究和讨论。1945 年 3 月 31 日，中共六届七中全会讨论了党章报告草案，刘少奇在会上对党章报告做了说明。他指出，党章要照顾到现在和将来，既要具有严肃性，又要体现灵活性，要把毛泽东思想贯穿始终，这是七大党章的突出特点。七大党章在总纲中第一次确立了毛泽东思想是党的指导思想，是党一切工作的指针，在党章的条文上又规定，每一位共产党员必须努力领会马克思列宁主义、毛泽东思想，这是党员的义务。5 月 14 日，刘少奇在党的七大上作《关于修改党章的报告》，在对毛泽东思想形成的历史必然性、毛泽东思想的实践基础、毛泽东思想艰苦的理论创造过程、毛泽东所具有的独特的主观条件等作出阐述的基础上，吸收了王稼祥和其他同志的一些提法和意见，对“毛泽东思想”的概念做了完整的概括和系统的阐述。

刘少奇从人类思想发展史的宏观角度定义“毛泽东思想”，提出“毛泽东思想，就是马克思列宁主义的理论与中国革命的实践之统一的思想，就是中国的共产主义，中国的马克思主义。”这一经典论述，明确了毛泽东思想姓“马”，肯定了毛泽东思想在马克思主义这个理论体系中的重要位置。这一表述，今天仍在使用。

接着，他又从“中国特色”“民族性”等方面界定毛泽东思想。他指出，毛泽东思想，就是马克思主义在目前时代的殖民地、半殖民地半封建国家民族民主革命中的继续发展，就是马克思主义民族化的优秀典型，是“最坚固的中国化的马克思列宁主义理论”[①]。毛泽东思想，是在北伐战争、土地革命战争和抗日战争

①《刘少奇选集》（上卷），人民出版社 1981 年版，第 315 页。

刘少奇负责起草《关于修改党章的报告》

中生长和发展起来的，是中国的东西，同时又是马克思主义的东西。毛泽东思想，吸收了辩证唯物主义与历史唯物主义的精华，是根据中国的民族特点，依靠近代革命以及中国共产党领导人民斗争的丰富经验，经过科学的分析建立起来的。因此可以说，毛泽东思想，是“对于马克思列宁主义做独立的光辉的补充，并用中国人民通俗语言的形式表达出来，使之适合于新的历史环境和中国的特殊条件，成为中国无产阶级群众与全体劳动人民群众战斗的武器”[①]。它是站在无产阶级利益因而又正是站在全体

①《刘少奇选集》（上卷），人民出版社1981年版，第336页。

人民利益的立场上，应用马克思列宁主义的科学方法，概括中国历史、社会及全部革命斗争经验而创造出来，用以解放中华民族和中国人民的理论与政策。它是中国无产阶级与全体劳动人民用以解放自己的唯一正确的理论与政策。

刘少奇还从对中国革命的作用的角度来阐述毛泽东思想。他指出，毛泽东思想是“我们这个民族的特出的、完整的关于中国人民革命建国的正确理论”[①]，是毛泽东同志关于中国历史、中国社会与中国革命的理论与政策。刘少奇在阐述这一内涵时，突出强调了毛泽东思想在指导中国人民获得独立解放、各国人民的解放事业中作出了重要贡献。

最后，刘少奇还指出，毛泽东思想，不只是在和国内国外各种敌人进行革命的斗争中，同时又是在和党内各种错误的机会主义思想的斗争中生长和发展起来的，是我们党唯一正确的指导思想，唯一正确的总路线。“过去有无数历史事实证明：当着革命是在毛泽东同志及其思想的指导之下，革命就胜利，就发展；而当着革命是脱离了毛泽东同志及其思想的指导时，革命就失败，就后退。”[②]

上述从不同角度对“毛泽东思想”的科学定义，反映了马克思主义中国化这一本质特征，体现了毛泽东思想与马克思列宁主义继承和发展的关系，为今天更加完整、准确地把握毛泽东思想奠定了坚实基础。马列主义与中国实际相结合实现了第一次历史性飞跃，飞跃的理论成果正式以“毛泽东思想”命名。至此，“毛泽东思想”作为一个科学概念在全党范围正式确定下来。

刘少奇是第一个把“毛泽东思想”作为一个科学体系加以精辟阐述的领导者。他在党的七大上所作的《关于修改党章的报告》中，提到“毛泽东”和“毛泽东思想”，有 105 次之多。他科学而完整地回答什么是毛泽东思想，并在此基础上将毛泽东思想概括为九个方面的内容，并指明毛泽东思想具有理论与实践相结合、

①《刘少奇选集》（上卷），人民出版社 1981 年版，第 334 页。

②《刘少奇选集》（上卷），人民出版社 1981 年版，第 334 页。

在斗争中形成和发展、高度的科学精神和革命精神相结合等鲜明特征。这九个方面的内容主要包括：关于现代世界情况及中国国情的科学分析；关于新民主主义的理论与政策；关于解放农民的理论与政策；关于革命统一战线的理论与政策；关于革命战争的理论与政策；关于革命根据地的理论与政策；关于建设新民主主义共和国的理论与政策；关于建设党的理论与政策；关于文化的理论与政策等。

毛泽东思想是“中华民族智慧的最高表现和理论上的最高标准”，是“发展着与完善着的中国化的马克思主义”①。这九个方面的概括既有高度的概括性，又有严密的逻辑性，是中国共产党人第一次对毛泽东思想在当时作出的最完整的、系统的概括，把延安整风以来党内对毛泽东思想的研究和认识提高到一个新水平。刘少奇关于毛泽东思想主要内容的概括与总结，在马克思主义中国化史上和毛泽东思想发展史上都具有极其重要的地位，为全党正确理解和全面领会毛泽东思想奠定了基础，进而推动全党在思想上和政治上达到空前的统一。

三、党的七大将毛泽东思想写在党的旗帜上

中国共产党的指导思想是针对党的各项工作并总览全局的指导思想。毛泽东思想正是在中国革命实践中逐渐为人们所认知，并最终得到全党一致公认而成为党的指导思想。党的七大的重大历史贡献之一，是把毛泽东思想确立为党的指导思想并写入党章，从而确立毛泽东思想在全党的指导地位。

中国共产党是马克思列宁主义与中国工人运动相结合的产物，所以，在对于接受马克思列宁主义的指导，并不存在异议和争论。但是，要在事实上真正运用马克思列宁主义来指导中国革命，却不是容易做到的事情。在这方面，中国共产党进行过长期艰苦的探索，付出了巨大的代价。

①《刘少奇选集》（上卷），人民出版社1981年版，第334页。

在长期革命斗争实践中，毛泽东深刻把握中国革命所处的社会历史环境、社会各阶层的经济文化基础及其对革命的态度等，提出行之有效的解决方案。毛泽东思想是马克思列宁主义在中国的运用和发展，是被实践证明了的关于中国革命的正确的理论原则和经验总结，是中国共产党集体智慧的结晶。这一重大理论成果系统解决了中国共产党领导中国革命走向胜利所面临的种种难题，阐述了中国革命的性质，总结了中国革命的规律，深入分析了中国革命的基本动力、斗争主要形式、革命前进方向、主要奋斗目标和领导力量等一系列基本问题，形成了一个科学的、完整的、与马克思主义一脉相承的理论体系。从这个意义上，正如刘少奇指出，毛泽东思想是中国共产党的唯一正确的指导思想和总路线，指导着中国人民获得解放。毛泽东思想是中国遭受重重剥削和压迫的广大劳动群众能够实现自身解放，同时也是拯救中国、实现民族解放的“唯一正确的理论与政策”。毛泽东思想对推动世界革命也作了有益的贡献，具有重要的世界意义。

在大革命时期乃至土地革命前中期，尽管毛泽东运用马克思主义普遍原理来观察和解决中国革命面临的实际问题，为中国革命发展作出了重要贡献，但由于这一时期中国共产党对中国革命的探索尚处于初始阶段，党的理论水平较低、实践经验不足，加之党内盛行的教条主义、经验主义，把共产国际的决议和苏联的经验当作“圣旨”，照搬俄国“以城市为中心”的模式，把马克思主义教条化。他们不研究也不了解中国革命的实际，只知道生吞活剥马克思列宁主义著作中的只言片语，生搬硬套外国的“条条框框”强加给中国革命，而对革命的对象、动力、性质、道路以及革命形势的估量上完全脱离中国的实际情况，使中央红军在第五次反“围剿”中遭到惨重失败，被迫退出中央革命根据地，进行战略大转移，开始了二万五千里的长征之路。这一时期，“左”倾教条主义在党内占据主导地位，因此，毛泽东的思想在这一时期并没有被党内大多数人所认识和接受。

马克思列宁主义教条化和共产国际决议和苏联经验神圣化

的错误倾向，使中国革命几乎陷入绝境。同时，也给人们以重要的警示：用马克思列宁主义指导中国革命，绝不是照搬马克思列宁主义书本上个别结论和照搬外国经验所能奏效的。要完成中国革命这样特殊而困难的任务，没有马克思列宁主义作为理论基础是不能成功的，而照搬马克思列宁主义的一般原理和外国经验也只能是一事无成。

经历革命的失败，特别是第五次反“围剿”和红军长征初期的失利，党和红军的许多干部尤其是高级干部认识到毛泽东的意见、主张的正确性，开始支持和拥护毛泽东的正确意见。遵义会议，实际上确立了毛泽东在党和红军中的领导地位，这是一个伟大的历史转折点。但此时，党内的错误思想并没有被完全肃清。直到 1938 年党的六届六中全会才肯定了以毛泽东为代表的中央政治局的政治路线，进一步确定了毛泽东在全党的地位，使全党对毛泽东思想的认识大大提高。

从长征胜利到党的七大这段时间，中国共产党在激烈的民族斗争和阶级斗争中，运用马克思列宁主义的理论，对中国革命的问题进行了大量的研究和总结，因而制定出合乎客观实际的路线和一整套具体政策。在此期间，毛泽东等人以很大的精力从事艰巨的理论探索，写下了一系列光辉的著作。毛泽东在《〈共产党人〉发刊词》《中国革命和中国共产党》《新民主主义论》《论联合政府》等文章中，深刻分析了中国革命的国际环境和中国的国情，科学阐明了中国新旧民主主义革命的历史特点和中国革命发展的客观规律，论述了民主革命和社会主义革命的关系，第一次把统一战线、武装斗争和党的建设概括为中国革命的“三大法宝”，完整地创立了新民主主义革命理论。

在《中国革命战争的战略问题》中，毛泽东从中国的国情出发，科学分析了中国革命战争的特点和规律，精辟地论述了人民军队的建设、人民战争的理论和人民战争的战略战术，建立了中国无产阶级的军事学说。在《反对自由主义》《中国共产党在民族战争中的地位》等文章中，以及《改造我们的学习》《整顿党的作风》《反对党八股》《学习和时局》等讲演中，完整阐述了他的建党学说，确立了马克思主义的思想路线和组织路线，形成了理论联系实际、密切联系群众、批评与自我批评的优良作风。此外，党关于政策和策略的理论也有新的发展，关于思想政治工作和文化工作的理论和政策也更为丰富。可以说，这一时期是毛泽东思想在各个方面日益丰富和发展并达到成熟的重要时期。

整风运动，使毛泽东思想在党内得到广泛认同。在延安整风运动中，党的重要领导人和理论工作者通过演讲、撰写理论文章等形式，对毛泽东思想进行广泛宣传与阐述。《解放日报》《新华日报》《群众》等党的刊物大量刊发毛泽东的评论、讲话、报告、题词以及党内学习和研究毛泽东思想的体会文章。为了系统宣传和学习毛泽东思想，1944 年，中共中央晋察冀分局委托晋察冀日报出版了《毛泽东选集》，选收了抗战开始后到 1944 年 6 月间的 29 篇文章，推动全党学习和研究毛泽东思想。

延安整风运动中，党员干部除了学习马克思主义经典作家的著作之外，还学习毛泽东的《实践论》《矛盾论》《新民主主义论》《论持久战》《在延安文艺座谈会上的讲话》《反对党八股》等文章，深切地认识以毛泽东为代表的理论和路线的正确性，认识到毛泽东思想对于中国革命的实践价值，这为毛泽东思想指导地位的确立奠定了广泛而坚实的群众基础。

七大召开前夕，中共六届七中全会通过《关于若干历史问题的决议》，从多方面对毛泽东的正确指导给予充分肯定，明确指出，“以毛泽东同志为代表的马克思列宁主义的思想更普遍地更深入地掌握干部、党员和人民群众的结果，必将给党和中国革命带来伟大的进步和不可战胜的力量。”① 使全党高级干部对毛泽东思想达成普遍共识，这为中共七大确立毛泽东思想指导地位做了重要准备。

党的七大经过充分讨论和酝酿，一致通过把毛泽东思想确立为全党的指导思想，写入党的章程。1945 年 6 月 11 日通过的

①《毛泽东选集》（第 3 卷），人民出版社 1991 年版，第 998—999 页。

《中国共产党章程》明确规定，“中国共产党以马克思列宁主义的理论与中国革命的实践之统一的思想——毛泽东思想，作为自己一切工作的指针，反对任何教条主义的或经验主义的偏向”[1]。确定毛泽东思想的指导地位是此次党章修改的一个最大的亮点与特点。这样，毛泽东思想作为中国共产党指导思想的地位便通过法律的程序，以党的纲领的形式确定下来。毛泽东思想被确立为中国共产党的指导思想，是党的马克思主义理论认识史和毛泽东思想认识史上的一个重要里程碑。从此，中国共产党在毛泽东思想的指引下，领导中国人民取得革命和建设的一个又一个胜利，毛泽东思想成为全党和全国人民的强大思想武器。

毛泽东思想是我们党的宝贵精神财富。我们必须珍视半个多世纪以来在中国革命和建设过程中把马克思列宁主义普遍原理和中国实际相结合的一切积极成果，在新的实践中运用和发展这些成果，以符合实际的新原理和新结论丰富和发展党的理论，保证党和国家的事业沿着马克思列宁主义、毛泽东思想的科学轨道继续前进。

把毛泽东思想确立为党的指导思想，清除了教条主义、经验主义在党内的影响，增强了党的凝聚力，提升了党的战斗力，对于统一全党行动，实现党的政治路线，具有重要而深远的意义。中国共产党正是在毛泽东思想指导之下，集合了中国工人阶级与劳动人民中最忠实、最勇敢、最觉悟与最守纪律的代表，成为最先进、有组织、有纪律的党组织，从而能与敌人作坚决、勇敢的斗争，能够知道该如何去打击敌人和如何免受敌人的打击。正如《关于若干历史问题的决议》指出：“以毛泽东同志为代表的马克思列宁主义的思想更普遍地更深入地掌握干部、党员和人民群众的结果，必将给党和中国革命带来伟大的进步和不可战胜的力量。”[2]党的七大为促进马克思主义中国化的发展作出了重要的理论贡献，为党领导人民去争取抗日战争的胜利和新民主主义革

①《建党以来重要文献选编》（第22卷），中央文献出版社2011年版，第553页。

②《毛泽东选集》（第3卷），人民出版社1991年版，第998—999页。

命在全国的胜利，奠定了政治上、思想上和组织上的深厚基础，全党同志在毛泽东思想的指引下，团结一致，为推进中国革命的历史进程努力奋斗，不断从胜利走向胜利。

刘少奇高度评价了毛泽东和毛泽东思想对中国共产党和中华民族生存和发展的重要意义。他指出，毛泽东是我们党和现代中国革命的组织者和领导者，是无产阶级的杰出代表，是我们伟大民族的优秀传统的杰出代表，是全党和全国人民审慎选择出来的伟大领袖，是中国有史以来最伟大的理论家和科学家，他“使马克思列宁主义的普遍原理与中国革命具体实践的结合得到了高度发展”，创立了“最坚固的中国化的马克思列宁主义理论”，“把我国民族的思想水平提到了从来未有的合理的高度，并为灾难深重的中华民族与中国人民指出了达到彻底解放的唯一正确的道路——毛泽东道路。”[①] 毛泽东思想已经指导党和人民得到了极大的胜利，并将继续指导党和人民得到最后的、彻底的胜利和解放。中国革命的历史事实已经反复证明，毛泽东思想是我们党的唯一正确的指导思想，唯一正确的总路线。当革命是在毛泽东同志和毛泽东思想的指导之下，革命就胜利，就发展；而当革命脱离了毛泽东同志和毛泽东思想的指导时，革命就失败，就后退。刘少奇就是这样从理论与实践的结合、时代性与民族性的统一上，充分地阐明了毛泽东思想的指导地位。

刘少奇为党的七大确立毛泽东思想在全党的指导地位作出了重要贡献。但是他对毛泽东思想的认识也经历了一个漫长过程。同时，确立毛泽东思想为全党的指导思想，是党的发展的历史选择与必然，不以任何个人的意志为转移。刘少奇主持起草七大关于修改党章的报告，除了刘少奇，还有周恩来、彭真、高岗、谭政、王若飞等人参加。所以，刘少奇所作的修改党章的报告，包含着刘少奇和其他同志的心血，也是集体智慧的结晶。

在当时提出毛泽东思想，也是客观的需要。胡乔木曾讲到，如果中国共产党不提毛泽东思想，很难在全党形成思想上的统一。

---

①《刘少奇选集》（上卷），人民出版社 1981 年版，第 319 页。

当时，共产国际尽管已经解散了，但是共产国际对中国共产党的影响依然存在。为了统一全党的思想认识，实现党的统一和团结，党的七大确立毛泽东思想为全党的指导思想。

高举毛泽东思想的伟大旗帜，对统一全党的思想，指导全党的行动，实现党的政治路线具有重要而深远的意义。为此，党的七大号召全党掀起学习毛泽东思想的高潮。同时，党章规定，每个党员要努力提高自己的觉悟程度和领会马克思列宁主义、毛泽东思想的基础。

刘少奇指出："我们党和许多党员，曾经因为理论上的准备不够，因而在工作中吃了不少的徘徊摸索的苦头，走了不少的不必要的弯路。但现在已经由于毛泽东同志的艰巨工作和天才创造，为我们党和中国人民在理论上做了充分准备，这就要极大地增强我们党和中国人民的信心和战斗力量，极大地加速中国革命胜利的进程。"[①]要动员全党学习毛泽东思想，宣传毛泽东思想，用毛泽东思想来武装我们的党员和革命的人民，使毛泽东思想变为实际的不可抗御的力量。刘少奇要求，一切党校和训练班，必须用毛泽东的著作作为基本教材，要求广大党员干部必须系统地研究毛泽东同志的著作；同时，一切党报，必须系统地宣传毛泽东思想；党的宣传部门应将毛泽东同志的著作编为通俗读物，供广大的普通党员阅读学习。

四、各地认真传达、学习和贯彻党的七大精神

党的七大闭幕后，代表们朝气蓬勃，陆续返回各地，回到原来的工作岗位，传达、宣传、贯彻党的七大精神，执行七大路线，打败敌人，解放中国人民，建立新中国。七大闭幕的第三天，中共中央西北局即时发出指示，要求陕甘宁边区县级以上党员干部，从 1945 年 7 月 1 日起有组织地学习党的七大文件，深入传达七大精神。该指示要求，边区各单位要以《论联合政府》《论解放

①《刘少奇选集》（上卷），人民出版社 1981 年版，第 337 页。

区战场》《关于修改党章的报告》，六届七中全会《关于若干历史问题的决议》和西北局关于边区党的历史问题的文件为主要学习内容，根据本单位实际情况制定学习步骤、方法与计划，采取精细的与本单位实际密切结合的方法，防止教条主义与形式主义倾向的发生，提倡精读、思考、漫谈与争辩学习，根据文件精神检查自己的思想与工作，及时总结与交换学习经验，利用报纸推动与帮助学习，目的在于深入七大路线的传达，给干部以具体的马克思主义和毛泽东思想的教育，进一步改进干部的思想作风与工作，团结全党，实现七大路线。对于区乡干部和一般农民党员，应主动利用时间阅读或传达报纸上关于党的七大的重要报道和文章，为此，要求边区群众报及各分区的报纸，在介绍与阐述党的七大的中心问题时应尽可能的通俗化，以便乡干部及广大群众容易理解与领会。

根据中共中央西北局指示要求，陕甘宁边区党、政、军机关单位积极学习贯彻党的七大文件。陕甘宁晋绥联防军政治部于7月10日发出学习党的七大文件的指示，指出边区部队“学习重心，应以深入七大路线的传达，系统地宣传与学习毛主席的思想路线及其建党建军的方针，并根据它来检查和改进思想与工作，务必使我们的干部，在思想上、党性上、政策的理解及党内军内团结上，经过学习七大文件之后更加有所改善、有所提高”，逐步克服干部和军队中存在的山头主义、本位主义等倾向，促进部队的团结进步。

边区各文教单位也掀起学习党的七大文件的热潮。延安大学把七大文件列为重要课程，组织各学院教职人员，依据本学院的具体实际情况，采取民主讨论的方法，举办学习报告会，深入学习党的七大文件。时任校长周扬在报告中指出，《论联合政府》忠实地完全地反映了中国人民的基本要求，是中国人民抗日救国的大宪章，其中包含了中国革命的最根本的理论与政策，及每个革命者所应获得的最完备的人生观。行政学院教育系张宗麟、司法系何思敬、鲁迅艺术文学院萧军等，分别讲述了自己学习七大文件的心得体会，启发引导大家克服学习中的盲目性，深入领会七大文件的精神实质，增强贯彻执行党的七大路线的自觉性。

在边区学习贯彻党的七大文件精神的同时，各地也在积极传达学习党的七大精神。1945 年 10 月 31 日，从延安回到中共中央华中局的七大代表张鼎丞，在华中局第二次扩大会议上做传达七大精神的长篇报告。在报告开篇，他先传达了毛主席交付给他的“使命”。他讲到在离开延安，“出发时，毛主席曾指示我，代表中央慰问前方党政军民干部和战士”。紧接着，他从七大的方针问题、路线政策、新民主主义的军队建设、党的建设问题、党的若干历史问题、七大选举、七大经过与伟大成功、全党全体同志为实现七大决议而斗争等八个方面传达七大精神，内容翔实。在传达过程中，张鼎丞用最通俗的语言进行讲解，时不时还谈了自己的学习体会与感受。他指出：七大的胜利方针，是民族独立的彻底胜利，要民权自由、民生幸福同时，胜利果实落在人民身上。为实现这个方针，全党必须在思想上、组织上、政治上团结一致，从而进一步团结全国人民一致为之奋斗。

张鼎丞在传达七大精神中还积极宣传毛泽东思想。他指出：“毛泽东是创造性的中国的马克思主义者，每一个党员要学习毛泽东思想，宣传毛泽东思想”，以马克思列宁主义、毛泽东思想为指导，检查自己的思想和工作，坚持实事求是的思想作风和工作作风。要求华中军区政治部编印了《毛泽东的建军思想》一书，并为此书作《一定要研究这本书》的序言，号召大家学习、研究、宣传毛泽东思想。

张鼎丞善于利用各种机会传达七大精神。据当时担任华中野战军第八纵队政治部副主任的谢云晖回忆：“张司令员（张鼎丞）就是反复用七大精神来教育我们，因为当时纵队还没有调政委来，他有事就直接找我们。所以，他经常到我们政治部来。那时候行军打仗办公室也兼卧室，他一来就坐在我们床上，同韩念龙（主任）和我讲七大情况，往往谈到深夜。他到部队里更是逢人就宣传七大精神，看见炊事员也要仔细问问，看看同志们思想上是否领会了。大家都说，张司令员真是党的好宣传员。”①

此外，一些地方党组织还举行庆祝七大胜利召开的活动，发布传达七大精神的有关文件。1945 年 7 月 1 日，中共山东分局和山东军区举行庆祝建党 24 周年大会和庆祝党的七大成功召开的干部会议。中共山东分局书记罗荣桓在干部会议上作报告，高度评价党的七大的重要意义和贡献，认为党的七大是“在中国共产党历史上是最盛大的、最圆满的一次代表大会”。他还介绍了党的七大通过的政治方面、组织方面、军事方面等报告的主要内容，强调党的七大选举产生了以毛泽东为首的新的党中央，确立了毛泽东思想在全党的指导地位，“完成了具有伟大历史意义的工作”。他号召山东军民要认真学习党的七大文件，实行毛泽东同志提出的党的三大作风，即理论和实际相结合的作风、密切联系人民群众的作风以及批评与自我批评的作风。7 月 18 日，中共山东分局发出关于学习七大文件的指示，要求深入地传达七大路线，深刻领会七大制定的路线、方针、政策和纲领的精神实质，把握毛泽东思想的科学内涵，在马克思列宁主义和毛泽东思想指导下，更加明确当前的形势与任务，为完成党的任务而努力。

在华南地区、西南地区，以及冀鲁豫分局、晋绥分局等，各地党组织先后召开会议，研究如何传达七大文件，贯彻执行党的七大精神。总之，七大闭幕后，各地各级党组织根据中央要求，认真传达和贯彻党的七大精神。陆续回到原工作岗位的代表们，也迅速担负起传达与宣传七大会议精神的神圣职责。

毛泽东思想被确立为中国共产党的指导思想，是延安时期马克思主义中国化发展的一个重要里程碑。从此，中国共产党在毛泽东思想的指引下，领导中国革命取得一个又一个胜利，毛泽东思想成为全党和全国各族人民团结奋斗的共同思想基础。1945 年 8 月上旬，美国在日本投掷原子弹，苏联对日开战。中国共产党领导的解放区同时发起猛烈的反攻，战果辉煌。8 月 5 日，日

---

① 苏俊才：《永远做人民最好的勤务员——张鼎丞传达贯彻党的七大精神纪实》，《福建党史月刊》，2005 年 3 月第 3 期。

本接受《波茨坦公告》宣布无条件投降。9月2日，日本正式签字投降。抗日战争胜利以后，国内的阶级矛盾迅速上升，围绕无产阶级领导的人民大众的新民主主义的新中国和大地主大资产阶级专政的半殖民地半封建的旧中国这两种命运、两个前途的历史选择，以毛泽东为代表的中国共产党人运用马克思主义，把无产阶级的策略思想广泛运用于对敌斗争的各个领域和各个方面，促进了中国人民解放战争的迅速胜利，毛泽东思想在革命斗争中继续得到发展。

毛泽东思想是中国共产党的指导思想，它过去是、现在是、将来仍然是指导中国革命和建设的科学理论。邓小平明确地提出："不仅今天，而且今后，我们都要高举毛泽东思想的旗帜"[①]，要求在起草《关于建国以来党的若干历史问题的决议》中，"要正确地评价毛泽东思想，科学地确立毛泽东思想的指导地位"[②]。为此，1981年6月，党的十一届六中全会通过的《关于建国以来党的若干历史问题的决议》，对毛泽东思想做了科学概括，对其在当前和今后的指导作用做了充分阐述，强调"毛泽东思想是马克思主义在中国的运用和发展，是被实践证明了的关于中国革命的正确的理论原则和经验总结，是中国共产党集体智慧的结晶。"毛泽东思想再次在关于新民主主义革命、社会主义革命和建设、革命军队的建设和军事战略、政策和策略、思想政治工作和文化工作、党的建设等方面以独创性的理论成果丰富和发展了马克思列宁主义。"毛泽东思想是我们党的宝贵的精神财富，它将长期指导我们的行动"，"我们必须珍视半个多世纪以来在中国革命和建设过程中把马克思列宁主义普遍原理和中国实际相结合的一切积极成果，在新的实践中运用和发展这些成果，以符合实际的新原理和新结论丰富和发展我们党的理论，保证我们的事业沿着马克思列宁主义、毛泽东思想的科学轨道继续前进。"[③]

①《邓小平文选》（第2卷），人民出版社1995年版，第291页。

②《邓小平文选》（第2卷），人民出版社1995年版，第292页。

③《十一届三中全会以来重要文献选读》（上册），人民出版社1987年版，第343页。

新时代，毛泽东思想如钻石一般依旧光芒四射、受人喜爱。我们要与时俱进地学习与践行毛泽东思想，在毛泽东思想指引下更加紧密地团结起来，勿忘昨天的苦难辉煌，无愧今天的使命担当，不负明天的伟大梦想，下定决心，排除万难，在中国特色社会主义伟大道路上，为推进中国特色社会主义现代化建设，实现中华民族伟大复兴的中国梦而继续奋斗！

后记

张帆

本书是研究团队分工协作、集体智慧的结晶。导论由张帆（法学博士、教授）撰写，第一章由张帆（法学博士、教授）撰写，第二章由王婷（法学博士、讲师）撰写，第三章由全燕黎（法学博士、副教授）撰写，第四章由张帆（法学博士、教授）、汪闻涛（法学博士、讲师）共同撰写，第五章由张丽丽（法学博士、讲师）撰写。

在撰写过程中我们参阅和吸纳了学界许多研究成果，谨此说明并致谢忱。同时还得到了陕西师范大学马克思主义学院、陕西人民出版社相关领导的大力支持，编辑从本书的策划到送审、出版均付出了巨大辛劳，谨向他们致以诚挚的感谢。需要特别指出的，本书的编写只是一个尝试，虽然各位编撰者在有限的时间内尽力而为，但从内容到形式难免有许多疏漏和不妥之处，诚望学界同人和读者批评指正。

2024 年 10 月于陕西师范大学